大学生职业认知与就业能力提升

王　冰　张海峰　张永伟　著

哈尔滨出版社
HARBIN PUBLISHING HOUSE

图书在版编目（CIP）数据

大学生职业认知与就业能力提升 / 王冰，张海峰，张永伟著．-- 哈尔滨 : 哈尔滨出版社，2024.1

ISBN 978-7-5484-7447-0

Ⅰ．①大… Ⅱ．①王… ②张… ③张… Ⅲ．①大学生－就业－研究 Ⅳ．① G647.38

中国国家版本馆 CIP 数据核字 (2023) 第 145707 号

书　名：**大学生职业认知与就业能力提升**
DAXUESHENG ZHIYE RENZHI YU JIUYE NENGLI TISHENG

作　　者：王　冰　张海峰　张永伟　著
责任编辑：韩伟锋
封面设计：张　华

出版发行：哈尔滨出版社 (Harbin Publishing House)
社　　址：哈尔滨市香坊区泰山路 82-9 号　邮编：150090
经　　销：全国新华书店
印　　刷：廊坊市广阳区九洲印刷厂
网　　址：www.hrbcbs.com
E-mail：hrbcbs@yeah.net

编辑版权热线：（0451）87900271　87900272

开　　本：787mm×1092mm　1/16　印张：12.25　字数：260 千字
版　　次：2024 年 1 月第 1 版
印　　次：2024 年 1 月第 1 次印刷
书　　号：ISBN 978-7-5484-7447-0
定　　价：76.00 元

凡购本社图书发现印装错误，请与本社印制部联系调换。

服务热线：（0451）87900279

前　言

"以就业为导向，培养高技术型人才"是高职教育的办学指导方针。随着就业形势的日益严峻，做好高职院校学生的就业工作已成为当前高职院校改革和发展的一项紧迫任务；而要做好学生就业工作，就需要学校负责就业指导工作的相关部门认真探寻就业指导的客观规律，为大学生提供及时而科学的指导和服务。

大学生就业是就业工作的重中之重，大学生在校期间对其进行就业指导，可以明显促进大学生就业。大学生职业发展与就业指导课程建设是高校人才培养工作和毕业生就业工作的重要组成部分。国办发〔2007〕26号文件明确提出了"将就业指导课程纳入教学计划"的要求，从2008年起，国家提倡所有普通高校开设职业发展与就业指导课程，并作为公共课纳入教学计划，经过3～5年的完善后全部过渡为必修课。各高校要依据自身情况制订具体教学计划，分级设立相应学分，建议本课程安排不少于38学时。

大学生就业指导课，主要是通过课堂教学和相应的实践活动，使学生了解就业形势，熟意就业政策，提高就业竞争意识和依法维权意识；帮助学生培养职业发展意识，树立科学就业观；提升学生就业技能和综合素质；引导学生主动思考、积极探索，使其加快角色转变，提早进行职业定位，提高社会适应能力。

本书在撰写过程中参阅了不少的专著、论文，并引用了大量相关资料，在此特向它们的作者一并表示真诚的感谢。由于撰写时间仓促，编者水平有限，书中如有错误和疏漏之处，欢迎同仁、专家和读者提出宝贵的意见和建议，以便修订和完善。

目　录

第一章　大学生职业生涯规划概论

第一节　职业与职业生涯

职业和我们每个人都有密切的联系，每个具有劳动能力的人都会在一生中从事一种或几种职业，都会有自己的职业生涯，并通过职业生涯实现自己在社会中的发展，实现自己的理想和价值，为家庭、组织和社会做出贡献。了解职业、认识职业，对我们选择职业、寻求职业发展是很重要的。

一、职业

"职业"一词是由"职"和"业"两个字组合而成的，"职"字包含着责任、工作中所担当的职务等意思；"业"字含有行业、业务、事业等意思。职业一般是指人们在社会生活中所从事的，以获得物质报酬作为自己主要生活来源并能满足自己精神需求的，在社会分工中具有专门技能的工作。它是人类经济发展以及社会劳动分工的结果。

（一）职业的特点

（1）社会性。职业的社会性即劳动者承担生产任务，履行公民义务。职业并非人类一出现就存在，而是社会分工的结果。每一种职业的产生都体现了社会分工的细化，体现了社会生产力的提高和社会的不断进步。因此，职业是劳动者获取的一种社会分工角色，是个人与社会结合的体现。社会成员通过从事职业活动为社会做出自己的贡献，社会也以全体成员的劳动作为积累而得以持续发展和进步。

（2）经济性。职业的经济性即劳动者从中取得收入。劳动者利用专门的知识和技能从事职业活动，以获取一定的收入作为物质生活的来源，这就是职业的经济性。获取一定的收入既是劳动者从事职业活动的基本动机，也是从事职业活动的结果。可以说，直到现在职业仍然是人们谋生的手段，是维持个人和家庭生存的基础。

（3）技术性。职业的技术性即劳动者在职业活动中需要具备一定的才能和专长。职业的技术性揭示了职业的专业性。虽然不同职业对技术的要求有所不同，但都需要劳动者具有一定的技术。可以说，自职业产生起，就不存在一种没有技术要求的职业。目前，许多职业都对学历、专业、职业资格等有明确的要求。

（4）多样性。职业的多样性即不同职业之间有很大差异。职业不仅种类繁多，而且不同种类职业的劳动内容、生产工具、知识与技能要求等都存在很大差异。俗话说"隔行如隔山"，职业间的差异会给人们的职业转换带来一定的障碍和困难，同时也使社会分工更加细化，有利于提高工作效率。

（5）层次性。职业的层次性即不同职业之间、同种职业之间存在高低层次的区别。职业不仅种类多样，而且各类职业之间和各类职业内部还存在不同的层次。职业虽无高低贵贱之分，但由于职业对从事者的素质要求不同，社会对职业的评价不同，职业也就有了层次之分。职业的层次性的根源在于不同职业对劳动者在体力与脑力付出方面的差别，工作复杂程度的不同，工作素质要求的差异，工作自主性的不同和收入水平的差异等。

（6）稳定性。职业的稳定性即劳动者从事的职业活动相对稳定，是非中断的。职业一直处在不断发展变化之中，随着生产力和社会分工的发展，新的职业不断出现。但是，某种职业一旦形成，便会在较长的一段时期内存在和发展。职业的生命周期具有相对的稳定性，这是因为决定职业存在的社会条件的变化是比较缓慢的。职业的稳定性使人们学习、掌握专业知识和技能成为可能，也使人们职业生涯的规划和发展成为可能。

（二）职业角色与其他角色的联系及区别

1. 联系

（1）职业角色与其他角色一样，当在不同角色之间转换时，会经过角色冲突、角色学习和角色协调等一系列过程。

（2）职业角色和其他角色都是人在社会中所属的特定群体的代名词，表示一个人的地位和身份，是个体归属社会的载体和人与人之间区别的依据。

2. 区别

（1）职业角色相对简单。社会角色具有多元化的特点，人在社会活动中随着场合的不同，相对于不同的人和事将会以各种不同的角色出现，而职业角色仅限于个体供职的行业和所从事的工作，有特定的职业特点。

（2）职业角色相对稳定。人在社会中可能会扮演多种社会角色，这些社会角色在不同的情景下会进行频繁的转换，而职业角色是人最基本的社会角色，相对来说比较固定，不会时刻变换，具有稳定性的特征。

（3）职业角色是后天选择的结果。普通的社会角色是在人成长的过程中自然形成的，有的角色更是个人成长过程中必须接受的，如父母角色、子女角色和学生角色等。但职业角色需要大量专业技能的支撑，需要经过积极的职业学习，所以职业角色不是与生俱来的，而是需要经过后天选择、学习和培养才能获得。

案例：

现实与想象的差别

杨鹏是软件专业的一名应届毕业生，一直想在毕业后进入自己喜欢的传媒行业打拼，想依靠自己的力量创造属于自己的生活。通过努力，经面试，他到一家杂志社做网络版同步杂志。刚开始时他很兴奋，觉得自己实现了人生理想，进入了喜欢的传媒行业。但是时间一长，杨鹏开始遇到各种问题：远离家乡独自在外生活，月薪除去支付房租，再除去交通费、伙食费后基本没有剩余，生活各方面的条件都和当初的想象相差甚远，杂志社的前景似乎也不乐观，网络同步的工作也缺乏创造性，和自己之前的想象完全不同。此时，家人为他提供了一个回家乡一家能源行业的国企工作的机会，虽然不是传媒行业，但是这个单位有非常好的待遇和福利，也有很好的发展空间。思考了一段时间后，杨鹏决定回家乡发展。

其实，很多同学工作后才能深刻体会到职业的含义和对一个人生活的影响。职业的选择是一个复杂综合的命题，选择不同，便会扮演不同的角色。如何选择，需要我们对其进行全方位的评估。

（三）我国职业发展的变化趋势

随着社会的发展和科技的进步，职业也随之发生着变化。一些新职业产生并迅速发展，一些传统职业内涵发生了改变或转化，一些过时的职业开始衰退甚至消亡。目前，我国的职业发展趋势主要有以下几种。

（1）由单一基础型向跨专业、复合型转化。职业岗位的要求和劳动方式逐步由简单向复杂转化，过去要求单一技能的工作，现在需要更充分的相关专业的知识和技能。

（2）由封闭型向开放型转化。因为职业岗位工作的范围和面向的服务对象越来越广泛，接收信息的渠道也必须加大，人们相互之间的交往和协作大大加强，所以要求人们具有开放的观念和心态，彻底摆脱封闭的状态。另外，开放型体现在职业岗位工作的性质上。例如，增加了一些以人与人之间联络、沟通、信息咨询和交易为表现形式的内容。

（3）由传统工艺向信息化、智能型转化。生产力发展的关键之一是增加职业岗位的科技含量，改善劳动组织和生产手段，提高劳动生产率。能熟练应用信息化、智能型方法的操作人员，是今后职业岗位更新、工作内容更新需要的新型人才。

（4）由继承型向知识创新型转化。知识经济时代的到来，要求社会成员不断树立创新意识，在自己的职业岗位上进行创造性劳动。今后，只有创造性人才才能更好地履行岗位职责。

（5）由服务型向知识技能型转化。第三产业在劳动者数量增加的同时，对从业人员知识技能的要求也在不断提高，因而产生了知识型服务性职业，而且知识型服务性职业成为了吸纳社会劳动力的主要渠道。劳动力市场专家预测，未来的新职业会越来越多地出现在服务部门，特别是与健康、通信和计算机相关的行业。

准确把握职业变迁趋势，对大学生至关重要，它能够给大学生职业目标的选择提供思路，对职业生涯发展提供方向。大学生应密切关注职业变迁和发展趋势，才能更好地适应变革中的社会职业环境，防止择业的盲目性。

二、职业生涯

1. 职业生涯的含义

在《现代汉语词典》中，"生"是活着的意思，"涯"泛指边际。通俗地讲，生涯就是人的一生。职业生涯即事业生涯，又称职业发展，简单地说，就是一个人一生连续担负的工作职业和工作职务的发展道路，是一个人的终生职业经历，包括就业的形态、工作的经历以及与职业相关的活动等。

职业生涯分为外职业生涯和内职业生涯。外职业生涯主要是指从事职业时的工作单位、工作内容、工作职务、工作环境、工资待遇等因素的组合及其变化过程；内职业生涯主要指从事一项职业时所具备的知识、观念、心理素质、能力、内心感受等因素的组合及其变化过程。内职业生涯的发展是外职业生涯发展的前提，内职业生涯带动外职业生涯的发展，外职业生涯的因素通常由别人决定、给予，也容易被别人否定、剥夺，而内职业生涯的因素主要靠自己探索获得，不随外职业生涯因素的改变而丧失，因而在职业生涯的各个阶段，都应重视内职业生涯的发展。尤其在职业生涯早期和中前期，一定要把对内职业生涯各因素的追求看得比外职业生涯更重要，因为它在人的职业生涯成功乃至人生成功中具有关键性作用。

2. 职业生涯的阶段划分

职业生涯发展研究领域的权威人物舒伯通过长期的研究，系统地提出了有关职业生涯发展的观点。1953年，舒伯根据自己"生涯发展形态研究"的结果，将人生职业生涯发展划分为成长、探索、建立、维持和衰退五个阶段。

（1）成长阶段（0~14岁）。该阶段属于认知阶段。此时个人通过对家庭成员、老师、朋友的认同，逐步建立起自我概念，并经历了对职业从好奇、幻想到感兴趣，再到有意识培养职业能力的逐步成长过程。

舒伯将这一阶段具体分为三个时期：①幻想期（10岁之前），此时个体把"需要"作为主要考虑因素，对于自己觉得好玩儿和喜爱的职业充满幻想，并进行模仿；②兴趣期（11~12岁），此时个体以兴趣为中心，理解、评价职业，开始做职业选择；③能力期（13~14岁），此时个体开始以能力为主要因素来思考职业问题，开始考虑自身能力与喜欢的职业是否相符合，并有意识地进行能力培养。

（2）探索阶段（15~24岁）。该阶段属于学习打基础阶段。在这一阶段个体将通过学校活动、兼职等进行职业探索，试图了解自我和职业，并根据未来的职业选择做出相应的教育决策，完成择业及初步就业。

该阶段又可分为三个时期：①试验期（15~17岁），此时个体开始综合认识和考虑自己的兴趣、能力与职业的社会价值、就业机会，并对未来职业进行尝试性选择；②转变期（18~21岁），此时个体正式进入就业市场或者进行职业培训，开始由一般性的职业选择转变为特定目标的选择；③尝试期（22~24岁），此时个体选定一定的工作领域，开始从事某种职业，对职业发展目标的可行性进行实验。

（3）建立阶段（25~44岁）。该阶段属于选择、安置阶段。在这一阶段，经过早期的试探与尝试后，不适合者会谋求变迁或重新选择，此时个体已经找到了属于自己的"位子"，并谋求长期发展。

该阶段又可分为三个时期：①尝试期（25~30岁），此时个体对初步选定的职业和目标进行反思，如有问题则重新选择、变换职业；②稳定期（31~44岁），此时个体最终确定属于自己的职业目标，并努力去实现；③职业中期危机期（30~40岁），在这一阶段，个体可能会发现自己并没有朝着预定的职业目标靠近或发现了新的目标，因而需要重新评价自己的需求和目标，这时的个体处于一个转折期。

（4）维持阶段（45~64岁）。该阶段属于升迁和专精阶段。此阶段大多数人通过长期从事某一工作，在该领域已占有一席之地，现在要考虑的不再是锐意进取，而是力求保住现有的位子，维持已取得的成就和社会地位。这一阶段的重点是保持家庭和工作间的关系，传承工作经验，寻求接替人选。

（5）衰退阶段（65岁到退休）。该阶段属于退休阶段。此时，个体的健康状况和工作能力开始缓慢衰退，他们将逐步结束职业生涯。在这一阶段，个体要学会接受权利和责任的减少，学会接受一种新的角色，逐渐适应退休后的生活。

第二节　职业生涯规划

一、什么是职业生涯规划

职业生涯规划又叫职业生涯设计，是个人对所从事的职业进行自我计划和管理的过程。具体来说，职业生涯规划是指个人根据主体优势、能力水平、兴趣爱好和职业倾向等，结合时代特点、制约因素和机遇条件，为自己确立最佳的职业奋斗目标，并根据目标有效选择职业道路，确定教育、培训和发展计划，确定行动方向、行动时间和行动顺序的过程。

职业生涯规划不仅与个体的主观因素相关，而且与个体周围存在的客观条件有密切关系。首先，职业生涯规划要切合个人的自身条件，尽力达到内外因素的最佳匹配。确定职业发展目标的关键是要人岗匹配，既不高攀，也不低就；并非收入越高、地位越高、权力越大的工作就是好工作。职业生涯规划要求个体根据自身的兴趣、特点，通过对自己的内在因素进行测评找到自身的内部潜质，将自己定位在一个最能发挥自己长处的位置，选择最适合自己能力的职业。其次，职业生涯规划要充分利用周围存在的客观条件。职业生涯规划根据决定个人职业选择的主观和客观因素进行分析和测评，确定个人的奋斗目标并选择符合这一目标的职业。职业生涯规划就是要找到主观与客观的最佳匹配点，使外部优势充分支持内部潜质，内、外优势结合起来，创造发展平台，形成在职场打拼的强有力的核心竞争力。

案例：

小王的求职路=思考+创意+实践

小王是某高职院校的学生，大学毕业的时候，他并不像一些同学那样忙着"包装"自己，甚至将不曾有过的职务往自己的简历表上填。小王总觉得一个人的本领是最重要的，将自己弄成一只"绣花枕头"没有什么用处。

与别人不同的是，小王在自己的简历上加了一个附件，那是一篇很中肯的用白描手法自我介绍的文章，并配了带点儿漫画味道的版画像。他很明白：一个人有点儿特别，最能吸引人的眼球。小王在文章里用细节很巧妙地将自己的优点、缺点以及所有专长袒露无遗。有的人避讳谈自己的短处，其实有经验的人一看就知道那是虚的，世界上有没有缺点的人吗？

交出简历没有几天，小王接到了郭某的一个电话。小王有点儿纳闷，因为那不是小王递交简历的公司。郭某没有同小王谈就业的事，说知道小王有些技艺，公司有一批广告业务，而平时做这工作的人生病了，请小王暂时帮几天忙。小王毫不犹豫地答应了。

按约定，小王来到一个并不大的办公室，一位中年男子拿出一份资料给小王，很客气地问小王能不能用最简洁的手法将它图文并茂地表达出来。随后二人又约定在五天时间内在那间办公室里完成任务。

从那天起，小王每天清晨来到办公室后，先按自己原来的习惯"洒扫庭除"（小王认为干净的环境有利于学习工作）。小王每次都把自己深思熟虑的想法向郭某汇报后再执行。几天来都是这样。

五天后，小王如期交差。郭某接过小王的设计对小王说，公司经理对小王很满意，决定聘用小王。小王这才知道，原来它就是小王求职的公司。那间办公室不过是公司搬入新址后暂时还没来得及退租的一间废弃的办公室。后来小王当了经理助理。时间久了小王也与经理熟了，经理告诉小王，他一看到小王的简历表就感到小王与别人不一样，对小王有了兴趣，想先考验一下小王的文、画是否出自他本人之手，所以给了小王这个任务。接着几天他看了小王的工作，还说了他曾看到小王在走廊里拣了一个香蕉皮扔进垃圾箱，感到小王的素质很好，是一个可以聘用的人才。

点评：当你面对一个全新的平台时，你得静下心来仔细想一想工作的性质，然后要明确目标，用心思考，用一种良好的心态去努力工作。只要你勤于思考并把自己的优势付诸创意之中，你的求职之路就不会太漫长了。

二、大学生进行职业生涯规划的意义

当今社会处在变革的时代，到处充满着激烈的竞争。"物竞天择，适者生存"，要想在这场激烈的竞争中脱颖而出并立于不败之地，必须设计好自己的职业生涯规划，这样才能做到心中有数，不打无准备之仗。

（一）职业生涯规划可以帮助大学生适应社会发展的需要，促进其更快地成长

21世纪，人类面临科学技术加速发展和社会急剧变化的挑战。知识经济改变了社会的产业结构，促使人们的工作和生活发生了根本变化，社会职业的内涵和人们从事职业的方式也随之发生了变化。为了适应社会发展的需要，大学生必须了解社会职业变化的方向和趋势，以便适应急速变化的社会；必须从社会发展的角度来设计职业生

涯，用社会发展的需要来决定个人职业发展的目标和方向。

由于职业生涯规划是从未来和发展的角度来看待人的一生的，因此大学生要能够通过职业生涯规划适应社会的快速变迁，适应社会职业的变化方向，从而更好地规划和实现自己的职业发展目标。

讨论：

有三个人要被关进监狱三年，监狱长可以满足他们一人一个要求。

美国人爱抽雪茄，要了三箱雪茄。

法国人爱浪漫，要一个美丽的女子相伴。

而犹太人说，他要一部与外界沟通的电话。

三年过后，第一个冲出来的是美国人，嘴里鼻孔里塞满了雪茄，大喊道："给我火，给我火！"原来他忘了要火了。

接着出来的是法国人。只见他手里抱着一个小孩子，美丽女子手里牵着一个小孩子，肚子里还怀着第三个。

最后出来的是犹太人，他紧紧握住监狱长的手说："这三年来我每天与外界联系，我的生意不但没有停滞，反而增长了200%，为了表示感谢，我送你一辆劳斯莱斯！"

思考：故事中的三个人，三年前的不同想法决定了三年后的不同生活状况。

（二）职业生涯规划有助于大学生确定职业发展目标，树立科学择业观

职业生涯规划可以帮助大学生及早对自己的职业发展进行定位，并使其沿着一条有利于职业发展的正确道路顺利到达成功的彼岸。大学生通过认识自己、了解环境，就能找出自己的优势与不足，明确自己面临的机遇与挑战，正确设定自己的职业发展目标。

另外，职业生涯规划可以帮助大学生树立科学择业观。科学择业就是要根据自己的职业期望和兴趣，凭借自身能力挑选职业，使自身能力素质与职业需求特征相符合。面对日趋紧张的就业压力，大学生普遍缺乏主动择业的观念，他们选择学校和专业的主要甚至唯一标准就是毕业后好找工作，这与科学择业观是背道而驰的。科学择业观倡导的是建立在知己知彼基础上的人职匹配，系统的职业生涯规划有利于建立这种观念。

（三）职业生涯规划有利于树立终身学习的观念

终身学习是21世纪的大学生需要掌握的生存概念之一，因为21世纪是知识爆炸的信息时代，旧知识很难适应新变化，所以要求人们终身学习。为了培养终身学习的观念和能力，大学生要在大学阶段学会学习、学会做事、学会合作、学会生存。大学生怎样才能树立终身学习的观念，培养终身学习的能力呢？职业生涯规划就是帮助大

学生树立终身学习的观念，培养终身学习的能力的重要工具。学会学习是职业生涯规划中个体学习能力的发展目标；学会做事是职业生涯规划中个体适应未来工作岗位要求的发展目标；学会合作是职业生涯规划中个体合作精神的发展目标；学会生存是职业生涯规划中个体学会适应和改变自己的生存和生活环境的发展目标。

（四）职业生涯规划可以增强个人实力，提高就业竞争力

随着我国高校的扩招，职业活动的竞争日益激烈。常言道，"不打无准备之仗"，大学生要想在未来的求职择业中获得先机，在激烈的竞争中脱颖而出并立于不败之地，首先要做好职业生涯规划。一份行之有效的职业生涯规划将会引导大学生正确认识自己的优点与不足，客观分析面临的机遇与挑战，准确评估个人目标与现实之间的差距，快速搜索到新的或有潜力的职业机会，使大学生学会运用科学的方法，采取可行的步骤与措施，不断增强自己的职业竞争力，实现自己的职业目标与理想。

好的开始是成功的一半

"好的开始是成功的一半。"一位哲人曾经说过："人生的道路虽然漫长，但紧要处就那么几步。"对于刚刚踏入校园的莘莘学子，应该说在人生道路上已跨过了十分重要的一步。"黑色六月"到"金色九月"，从中学到大学，环境的改变是一个不争的事实，但这并不意味着每一个大学新生的认识和心态也能迅速、自然地跟上并适应这种改变。大学毕竟与中学有很大的区别，学习、生活的新变化，既是对大学生的严峻考验，也为大学生系统知识的学习、能力的培养、人格的塑造等提供了有利的条件。因此，尽快认识大学及大学阶段各方面的变化及新的特点，及早了解客观环境，尽己所能调整好个体与环境的关系，才能在人生的新起点上迈出坚实的第一步。

三、职业生涯规划与大学生就业、创业

与最初的职业指导相比，职业生涯规划已不只是指导学生选择职业或就业，而是重在以正确的人生观、人才观和职业观引导学生，让他们能从社会需要出发，结合自己的特点，掌握合理选择专业与职业方向的能力。只有将大学生就业、创业教育和职业生涯规划教育有效地结合起来，才能使学生在职业规划中，结合自身和社会实际，自觉把就业、创业变为实现自身价值的一个重要途径，明确就业、创业方向，并最终使就业、创业理想扎根于头脑中。为此，我们可以说，就业、创业教育是职业生涯规划教育的一个重要内容，职业生涯规划是实施就业、创业教育的一个重要载体，我们可以以职业生涯规划教育为主线来实施就业、创业教育。

（一）职业生涯规划与就业

调查研究表明，造成"就业难"的原因并非完全是供给大于需求，而是就业结构性矛盾突出、大学毕业生实践能力差、职业目标不明确等。高校的人才培养模式与市场需求不对接是造成大学生"就业难"最主要的原因之一。调查还发现，产业结构调整引起职业的变化，企业对各类专业技术人才和管理人才的需求变化速度是高校培养专业人才速度的几倍，因而形成了人才供需市场配置的时间差。

1. 引导大学生建立正确的择业观

择业观是价值观在择业问题上的具体体现，而个体价值观的形成并非一朝一夕的事情，因此，要形成正确的择业观，大学生需要在在校期间不断接受正规的教育并不断进行自我教育。首先，必须树立自主择业、主动择业的意识，自主培养为社会服务的意识；同时要认清当前社会的就业形势，看清社会对人才的现实需求，以社会的需要作为自己择业的客观基础。这就要求大学生在进行职业生涯规划时，一定要做好职业分析，并根据职业分析的结果综合权衡，选择职业目标。其次，在就业观念方面，要正确把握就业与择业之间的关系，脱离理想化的就业观念。全方位的生涯规划包括缤纷生活路、快乐工作路、丰富学习路和职涯成功路。

2. 开展职业生涯规划，提升大学生的就业能力

积极开展职业生涯规划，不仅能让大学生提前了解自己、了解职场，为进入职场打下良好的基础，而且有利于大学生提早思考自己的发展前途，明确自己的职业目标，有针对性地接受教育和自我教育，提高就业竞争力。因为通过职业生涯规划，个体可以明确自己与目标职业需求的差距，从而可以有效且合理地安排大学期间的学习与生活，并根据分析的结果积极培养自己的组织管理能力、协调能力、表达能力等综合能力，使自己朝着既符合个人特质又符合社会发展需要的方向迈进。

（二）职业生涯规划与创业

"要贯彻劳动者自主就业、市场调节就业、政府促进就业和鼓励创业的方针"，国家将鼓励创业纳入就业方针，并要求引导劳动者转变就业观念，鼓励多渠道、多形式就业，促进创业带动就业。

从就业到创业，是中国大学生择业观念的一个重大转变。要将创业教育与大学生职业生涯规划相结合，以重视个性培养、促进个体发展为根本目的，注重引导个体以更加广阔的视野审视个人职业选择与人生发展之间的内在联系，帮助大学生入校之后就开始进行职业生涯的探索、规划、选择、决策和实施，并在明确努力方向的基础上采取实现每一个目标的相应措施；帮助学生全面了解"职业与生活""职业与社会"

"职业与人生""职业与创业"的一般常识、基本知识和体验相关实践，了解各职业群体的基本要求，培养初步的生存意识和创业向往，并在此过程中逐步培养他们的创业意识，提高其正确选择适合自己发展的创业项目的能力，实现自己的职业理想。

1. 注重创业意识的培养

创业意识是指对创业者起创业动力作用的个性意向倾向，它包括创业的需要、动机、兴趣、理想等要素。受我国传统教育的影响以及目前高校课程的设置，导致很多大学生较少接受创业教育，缺乏创业意识。

职业生涯规划有利于发掘创业人才。在职业生涯规划过程中，大学生可以对自己进行客观的评估，发现自己是否具有自主创业的潜质。创业的技巧虽然是学来的，但是某些特定的素质却是独一无二的。当个体发现自己属于创业型人才时，应该自觉地朝创业方面发展，不断强化自己的创业意识。

2. 注重自身创业素质和能力的培养

大学生群体是社会上最具有活力和创造力的一个群体之一，具有较高的文化素质和技能水平，蕴含着巨大的创业潜力。据统计，我国高校毕业生自主创业率较低，创业成功率也很低。造成这一现象的原因是多方面的，如创业意识淡薄、创业心理素质差、缺乏创业相关知识、创业经验少、资金短缺等。因此，在职业生涯规划过程中，大学生可以分阶段地制定提高自身创业素质和能力的目标，重点放在在校期间的目标制定上。刚入校门，大学生可以重点培养自身的创业心理素质和综合能力，而这些能力主要是通过参加学校的社团，参与学校的各项活动来提高的。进入大二之后，大学生可以重点学习与创业相关的专业课程和技能，同时要扩大阅读面，了解与创业相关的社会知识，如国家的政策、法律等。进入高年级后，在继续学好基础知识的同时，要积极参加各种创业项目，寻找机会锻炼自己的实际操作能力。

四、大学生职业生涯规划中应避免的几个误区

随着高等教育由精英教育向大众教育的转变，大学生就业越来越困难。加之在市场经济条件下，人们片面强调职业的经济收入和社会地位，致使大学生在进行职业生涯规划时很容易产生急功近利的思想。

（一）把职业生涯规划当作谋取工作的手段

现在的大学生对大学生活和职业生涯普遍缺乏认真的态度，在市场经济的大环境下显得比较浮躁。有资料显示，只有20.1%的大学生对自己的职业生涯有所规划。很多大学生在大学期间忙于学业，没有把各种专业课程与自己的兴趣爱好整合起来，到

毕业时才开始关注职业生涯规划，并试图通过职业生涯规划为自己找到一份理想的工作。这种为找工作而规划的功利性观念是误区之一。要利用好职业生涯规划就必须转变这种意识，真正将职业生涯规划当作一门指导人生发展的学科来看待。

（二）用计划和变化来否定职业生涯规划的可行性和科学性

很多大学生认为，计划赶不上变化快，还是走一步算一步好。有这种想法的人混淆了规划与计划以及规划与变化的关系。规划是个人把自己的优势、能力水平、个体倾向等主观因素与环境特点、制约因素等客观情况结合起来进行考虑和统筹安排的行为。计划则多为主观行为，没有统筹考虑客观因素，缺乏周密性和确定性。如果规划制订的不严密就会变为计划，而缜密的计划就是规划。区分计划和规划最重要的依据就是看其考虑得是否全面周到，执行得是否严格。

变化存在于一切事物之中，职业生涯规划过程中同样存在可变因素，没有考虑到变化的规划不能称之为规划。因为有变化，规划才更难，规划要将变化充分考虑在内，包括最坏的结果、最大的问题，即便预料不到也会通过修正步骤及时发现，即便不能及时发现也会通过应急方案予以解决。所以说，变化是逃不过规划的，除非没有考虑变化就开始规划。

案例：

"蚯蚓"的目标阶梯

"蚯蚓"是我从小到大的朋友。"蚯蚓"不是本名，因他长得黑矮瘦弱，而得此名。

18岁那年我们分开后，我在外为生活四处奔波；"蚯蚓'却上了大学，什么事都挺顺当。在这分开的十年里，我们几乎每隔两三年见一次面。每一次我都喜欢问他同一个问题：你将来的目标是什么？得到的答案总是不同。下面记录的是蚯蚓每次谈及的目标。

18岁，高中毕业典礼上：我发誓要当李嘉诚第二！我要当中国首富！(好大的口气)

20岁，春节老同学聚会上：我想创立自己的公司，30岁时拥有资产2 000万。

23岁，在某工厂当技术员，第二职业是炒股：我正在为离开这家工厂而奋斗，因为在这里工作太没前途了。我将全力炒股，三年内将5万炒到300万。(似乎有实现的可能)

25岁，炒股失意而情场得意，开始准备结婚：我希望一年后能有10万元，让我风风光光地结婚。(挺现实的想法)

26岁，不太风光的结婚典礼上：我想有一个胖小子，不久的将来当个车间主任就行，别的不想了？(是不是结婚就会使人成熟)

28 岁，所在的工厂效益下滑，偏偏正是妻子怀胎十月的时候：我希望这次下岗名单里千万不要有我的名字。（这时候我还能说什么）

从上面的小故事可以看出，蚯蚓显然没有对自己的人生进行合理的规划，刚开始的时候当技术员，但他没有去细心研究技术，而是去炒股，想赚到 300 万；后来炒股失败忽而又想当车间主任，最后可能技术也不是很精通，担心下岗名单中有他的名字。他这样一个没有规划的人，显然是很容易失败的。

实际上，我们想要在未来职业生涯中获得成功，首先应该确定一个切合实际的职业定位和职业目标，并把目标进行分解，设计出合理的职业生涯规划图，并且付诸行动，通过不断努力和调整，最后实现我们的职业发展目标，获得人生最大的成功。

（三）认为职业生涯规划与低年级大学生没有关系

大学生往往到毕业前夕需要找工作时才开始了解职业，了解相关企业、行业，学习写简历，准备面试。因为很多大学生都认为大一大二的学生只要专心学习就行了，毕业时再去考虑就业问题也不晚。这种认为职业生涯规划与低年级大学生没有关系的想法，在竞争激烈的就业市场中已经被证明是错误的。职业生涯规划对所有的大学生都是有意义而且必要的，合理的规划和安排有助于个人在实力的提升和就业能力的提高方面做好充分的准备，"凡事预则立，不预则废"，成功就业和事业的辉煌是长期积累的结果。那些找不到工作的大学生，往往会抱怨所学专业不好、学校不够有名气、大学扩招太多、社会经济形势不好甚至是家里没有社会关系，却唯独没有从自身的规划和就业观念上找原因。成功就业的大学生大多是有计划、有准备的人。

（四）认为只有想成就大事业的人才需要进行职业生涯规划

人的一生除了要满足衣食住行和保障安全的需要外，还有获得尊重、认可和归属感，实现人生价值的需要，这些需要的满足都要通过事业的成功来实现。"千里之行，始于足下"，要想取得事业的成功，首先要找到适合自己的职业，这个职业不一定赚钱最多，也不一定地位最高、权利最大，但却是最适合自己的。每个人只有找到适合自己的职业，然后为之不懈努力，才能获得成功。从这个意义上说，职业生涯规划对每个人来说都是必要的，并非只有想成就大事业的人才需要进行职业生涯规划。

第三节　职业生涯规划的基本理论

一、职业选择理论

职业选择指人们从职业期望、职业理想出发，依据兴趣、能力、特点等自身因素，从社会现有职业中选择一种适合自己职业的过程。很多心理学家和职业指导专家对职业选择问题进行过专门研究，提出了相应的理论，其中最有代表性的就是人职匹配理论。人职匹配理论是现代人才测评的理论基础。人职匹配理论的基本原理是不同个体有不同的个性特征，而每一种职业因为其工作性质、工作环境、工作条件、工作方式不同，对工作者的能力、知识、技能、性格、气质、心理素质等也有不同的要求。所以，个体在进行职业决策时，应选择与自己的个性特征相适应的职业。

（一）帕森斯的"人职匹配"理论

美国波士顿大学教授弗兰克·帕森斯在他的《选择一份职业》一书中，第一次系统地阐述了"人职匹配"理论。其基本思想是：个体差异是普遍存在的，每一个个体都有自己独特的人格特质；与之相对应，每一种职业也有自己独特的要求，一个人的能力、性格、气质和兴趣同所从事职业的工作性质和条件要求越接近，工作效率就越高，个人成功的可能性也越大，反之则工作效率越低，职业成功的可能性就越小；每个人进行职业决策时，要根据自己的个性特征来选择职业种类，进行合理的人职匹配。帕森斯的"人职匹配"理论把职业与人的匹配分为两种类型，即条件匹配和特质匹配。条件匹配指职业所需技能和知识与掌握该种技能和知识的人之间要匹配。比如脏、累、险等劳动条件差的职业需要吃苦耐劳、体格健壮的劳动者与之相匹配。特质匹配指某些职业需要具有一定特质的人来与之匹配，比如，科学家需要富有创造力。

帕森斯指出，实现合理的人职匹配需要三个步骤。

1. 评价自己的生理和心理特点

清楚地了解自己的能力、性格、气质和兴趣是人职匹配的前提和基础。求职者要广泛搜集自己身体状况、能力倾向、兴趣爱好、气质与性格以及家庭背景、学业成绩、工作经历等方面的情况，在择业时通过心理测量及其他测评手段对这些资料进行整合分析，找出自身的生理和心理特点。

2. 分析各种职业对人的要求，并向求职者提供相关职业信息

掌握相关职业信息是人职匹配的必要条件。相关职业信息包括该职业的性质和对人的性格、学历、能力、心理特点等方面的要求。此外，职业的工资待遇、工作条件、为实现职业发展而设置的教育课程计划，以及提供这种课程的教育机构、学习年限、入学资格和费用等都是求职者在进行职业选择时应考虑的因素。

3. 人职匹配

清楚地掌握了自己的生理和心理特点以及职业的各项指标之后，要对二者进行综合比较分析，选择既适合自己特点又有机会从事的职业。

（二）霍兰德的"人格类型—职业匹配"理论

"人格类型—职业匹配"理论是美国霍普金斯大学心理学教授、著名的职业指导专家霍兰德于 20 世纪 60 年代创立的。其基本思想是：职业选择是个人人格（包括价值观、动机和需要等）的反映和延伸，人格是决定一个人选择何种职业的重要因素，个人在适应自己人格的职业环境中可以充分施展技能和能力，表达态度和价值观，并且能够完成使命。该理论的实质在于择业者的人格特点要与将选择从事的职业类型相适应。霍兰德将个体的人格分为六种类型：现实型、研究型、艺术型、社会型、企业型、传统型；相应地，职业也分为六种类型：现实型、调查研究型、艺术型、社会型、开拓型、常规型。

二、职业锚理论

职业锚理论由美国著名职业指导专家埃德加·H. 施恩（Edgar H.Schein）教授提出。锚（anchor）是固定、稳定船的工具，锚被抛下后，深深沉入海底，就可以稳住大船，使船不容易漂走。职业锚是用锚的作用形容个人在事业发展中的职业定位问题。施恩认为，个人在工作选择和发展过程中要对个人需要、动机和价值观进行不断的探索，以获得的工作经验为基础，在实际工作中通过不断的自我审视，逐步明确个人的需要与价值观，明确自己的特长及今后发展的重点，在潜意识里确定自己长期稳定的职业定位。最终，所有的工作经历、兴趣、资质等整合成为一个占主导地位的"职业锚"。

施恩教授认为，如果一个人在他的职业生涯中能确定一件事情，使将他的动机、能力、价值观统一起来，并能深刻而清晰地回答以下三个问题，他就找到了自己的职业锚。这三个问题分别是：

我到底想做什么？（自己的动机和需要）

我到底能做什么？（自己的才能和能力）

我到底为什么做这件事？(自己的态度和价值观)

职业锚是个人选择和发展自己职业时围绕的中心，当一个人对自己的动机、能力以及价值观有了清楚的了解之后，就会意识到自己的职业锚到底是什么。有学者认为，职业锚的意义很大，一个人从确立职业锚的那一刻起，其职业才真正开始转变为事业。

需要指出的是，大多数人的第一份职业往往不是终生职业。一个人的职业锚要经过若干年的工作实践后才能被发现。施恩认为，人们开始寻找职业锚的平均年龄是35岁，找到职业锚的平均年龄是40岁。职业锚确定后，长期稳定的职业定位便会产生，事业发展的方向也逐步明朗。

三、职业发展阶段理论

职业发展阶段理论是职业生涯规划的重要内容，国内外学者在这方面都有过细致深入的研究。

(一)国外学者的观点

1.金斯伯格的职业选择三阶段理论

美国著名的职业发展理论的代表人物金斯伯格(Eli Ginzberg)认为，职业生涯是一个连续的、长期的发展过程。他通过比较美国富裕家庭成员童年期、成年期职业选择的想法和行动的差异，将职业发展分为幻想期、尝试期和现实期三个阶段。

(1)幻想期。幻想期指11岁之前的儿童时期。在这一阶段，儿童对他们所看到的或接触到的各类职业工作者充满好奇，对那些引人注目、令人激动的职业充满憧憬。这一时期，个体在职业需求上呈现的特点是：许多想法感情色彩浓厚，主要根据自己的兴趣决定职业理想，并不考虑自身的条件、能力水平和社会需要与机遇，处于幻想状态。

(2)尝试期。尝试期指11~17岁由少年向青年过渡的时期。在这一阶段，个体的心理和生理均迅速成长变化，开始有独立的意识和价值观念，知识和能力也显著提高，开始对社会生产与生活的经验有所了解。个体在职业需求上呈现出的特点是：不仅注意自己的职业兴趣，而且客观地审视自身的条件、能力和价值观；开始注意职业角色的社会地位、社会意义和社会需要。十一二岁是兴趣阶段，个体开始注意并培养自己对某些职业的兴趣；十三四岁是能力阶段，个体开始认识到个人的能力与职业的关系；十五六岁是价值阶段，个体开始认识到职业的社会价值，注意到选择职业时要兼顾个人与社会的需要；十七岁是综合阶段，个体能将上述三个阶段进行综合考虑，并结合相关的职业选择资料来正确了解和判定未来的职业发展方向。这一时期是职业目标形成的最重要阶段。

（3）现实期。现实期指 17 岁以后的青年和成年期。在这一阶段，个体即将步入社会，能比较客观地把职业愿望或要求同主观条件、能力以及社会现实的职业需要紧密联系和协调起来，寻找适合自己的职业角色，力求达到主观因素和客观因素的统一。个体在这一时期的职业需求不再模糊不清，已有具体的、现实的职业目标，职业目标最大特点是客观性、现实性、实际性。现实期又可分为以下三个阶段：①探索阶段，根据尝试期的结果，进行各种职业探索活动，尝试各种职业机会；②具体化阶段，根据探索阶段的经历，做进一步的选择，此时职业目标已经基本确定，并开始为之努力；③专业化阶段，个体根据自己选择的目标，开始做详细而具体的准备。

2. 舒伯的生涯发展阶段理论

美国著名职业生涯规划大师舒伯（Donald E. Super）集差异心理学、发展心理学、职业社会学以及人格发展理论之大成，经过长期研究，系统地提出了有关职业生涯发展的理论。1953 年，他根据自己的相关理论成果，将职业生涯发展划分为成长期、探索期、建立期、维持期和衰退期五个阶段，具体内容如下：

（1）成长期（0~14 岁）。此阶段属于职业生涯认知阶段。个体开始发展自我概念，并经历了对职业从好奇、幻想到产生兴趣，再到有意识地培养职业能力的逐步成长过程。舒伯将这一阶段具体分为三个时期：①幻想期（7 岁以前）。此时，个体把"需要"作为主要考虑因素，对于自己觉得好玩儿和喜爱的职业充满幻想，并进行角色模仿。②兴趣期（8~11 岁）。个体以"兴趣"为中心来理解、评价职业，开始做职业选择。③能力期（12~14 岁）。个体开始以"能力"为主要因素来思考职业问题，开始考虑自身能力与喜欢的职业是否相符，并有意识地进行能力培养。

（2）探索期（15~25 岁）。此阶段属于学习打基础阶段。个体将通过参加学校活动、兼职等进行职业探索，试图了解自我和职业，并根据未来的职业选择做出相应的教育决策，进而完成择业及初步就业。此阶段可分为三个时期：①试探期（15~17 岁）。个体开始综合认识和评估自己的兴趣、能力、职业的社会价值、就业机会，对未来职业进行尝试性选择。②过渡期（18~21 岁）。个体正式进入就业市场或者接受职业培训，开始由一般性的职业选择转变为对特定目标的选择。③尝试期（22~25 岁）。个体选定工作领域，开始从事某种职业，对职业发展目标的可行性进行验证。

（3）建立期（26~45 岁）。此阶段属于选择、安置阶段。经过早期的试探与尝试后，不适合者会谋求变迁或重新选择，个体已经找到了属于自己的职业"位置"，并谋求长期发展。此阶段可分为三个时期：①尝试/稳定期（26~30 岁）。个体对初步选定的职业和目标进行反思，如有问题则重新选择职业，并逐渐趋于稳定。②巩固期（31~40

岁）。个体确定属于自己的职业目标，并努力去实现。③挫折／精进期（41~45岁）。在这一阶段，个体可能会发现自己并没有朝着预定的职业目标靠近，在实现既定目标时遇到挫折或者发现了新的目标，因而需要重新评价、不断改进自己的需求和目标，处于一个转折期。

（4）维持期（46~65岁）。此阶段属于升迁和专精阶段。大多数人通过长期从事某一工作，在该领域已占有一席之地。他们现在要考虑的不再是锐意进取，而是力求保住现有职位，维持已取得的成就和社会地位。这一时期大多数人将重点放在维持家庭和工作之间的和谐关系、总结工作经验、寻找接班人上，工作领域不断出现的新知识和新技术对这一时期的人来说是比较大的挑战。他们对于新知识的兴趣逐步下降，尤其是对那些知识和技术更新较快的行业，选择创新还是停滞不前直接影响着个体的职业价值。

（5）衰退期（66岁至退休）。此阶段属于退休阶段。个体的健康状况和工作能力开始衰退，并将逐步结束职业生涯。在这一阶段，个体要学会接受权利和责任的减少，学会接受一种新的角色，以适应退休后的生活。

3. 格林豪斯的职业生涯发展阶段理论

金斯伯格和舒伯都是从人生不同年龄段对职业的需求和态度的角度，来研究职业发展过程和职业生涯阶段的。格林豪斯（Greenhaus）则主要从人生不同年龄段职业发展所面临的主要任务的角度对职业发展进行研究，并以此为依据将职业生涯发展划分为五个阶段。

（1）职业准备阶段。典型年龄段为0~18岁。这一时期的主要任务是培养职业想象力，对职业进行评估和选择，接受必需的职业教育。

（2）进入组织阶段。典型年龄段为18~25岁。进入组织阶段的主要任务是以应聘者的身份出现在就业市场上，在获取充足信息的基础上，尽量选择一种适合自己、各方面都较为满意的职业。

（3）职业生涯初期。典型年龄段为25~40岁。这一时期的主要任务是学习职业技术，提高工作能力；了解和学习组织纪律和规范，逐步适应工作，融入组织；为未来的职业成功做好准备。

（4）职业生涯中期。典型年龄段为40~55岁。职业生涯中期的主要任务是重新评估早期职业发展历程，重新确认或修改职业目标，做出成年中期的合理选择，在工作中继续保持较强的工作能力。

（5）职业生涯后期。典型年龄段为55岁直至退休。职业生涯后期的主要任务是继续保持已有的职业成就，维护尊严，准备引退。

4.利文森的成年人职业发展阶段理论

利文森（Levinson）是美国研究职业生涯的著名学者，其研究重点是成年人的职业发展。利文森将职业生涯发展划分为六个阶段，即拔根期（12~22岁）、成年期（23~29岁）、过渡期（30~32岁）、安定期（33~39岁）、潜伏的中年危机期（40~43岁）和成熟期（44~59岁）。

（二）我国学者的观点

1.孔子的职业生涯阶段划分

我国学者很早就对人生的基本阶段做了划分。孔子根据其亲身经历，将人生十年作为一个阶段。孔子说："三十而立，四十而不惑，五十而知天命。"（《论语·为政》）其基本含义是：三十岁确立人生目标，四十岁就不会困惑了，五十岁就会知道哪些事可以做，哪些事不能做，较客观地了解自己。孔子的观点对以后的学者研究职业生涯管理和人们实践职业生涯具有较强的借鉴作用。

2.廖泉文人生发展阶段的"三三三"理论

厦门大学的廖泉文教授在职业发展阶段方面提出一个较为独特的理论，即人生发展阶段的"三三三"理论。三大阶段的边界是弹性的，因为它要受到教育程度、工作行业、职位高度、身体状况、个人特质和成就欲望等诸多因素的影响。与美国几位著名学者的职业生涯阶段划分的方法相比，"三三三"理论划分方法更加具有个性化（因人不同）、弹性化（因教育背景不同）、开放化（因工作性质不同），更加符合当前迅速发展的人性特质对职业生涯发展影响的现实。"三三三"理论将人的职业生涯划分为三大阶段：输入阶段、输出阶段和淡出阶段。输入阶段是指从出生到从业前，输出阶段是指从就业到退休，淡出阶段是指退休前后，每一个阶段又分为三个子阶段：适应阶段，创新阶段和再适应阶段。

3.罗双平的职业生涯阶段理论

我国从事职业生涯规划研究的学者罗双平认为：在职业生涯阶段划分上，应以年龄为依据，每十年作为一个阶段，即20岁至30岁为一个阶段，30岁至40岁为一个阶段，以此类推。科学地将职业生涯划分为不同的阶段，明确每个阶段的特征和任务，对个人更好地从事自己的职业，实现确立的人生目标非常重要。

以上有关职业阶段的划分方法，各有特点，对于不同的人有不同的作用。因为，每个人的学历、经历和背景各不相同。有的是高中毕业，有的是本科毕业，有的是研究生毕业。学历不同的人，参加工作的时间就不同，职业生涯阶段的划分也就不同。

即使是同等学历、同年毕业，每个人的发展速度也不一样。所以，职业生涯阶段的划分，宜粗不宜细。

　　以上对职业生涯进行的阶段划分，也只是提供一个粗线条的轮廓，每个人可以根据自己的具体情况，划分自己的职业生涯阶段。

第二章　大学生职业认知理论

第一节　当代职业常识

掌握职业特性，了解职业常识，才能更好地选择职业，进而顺利就业。职业常识主要包括职业认知、职业变迁、职业定位、职业选择和职业测评 5 个方面。

一、职业认知基础知识

对于大学生来说，要开启自己的职业生涯，首先要了解什么是职业。

（一）职业的含义

现实中，人们往往要在一定的工作岗位上实现就业。但对于"职业"一词，人们却有着不同的理解。有人觉得职业等同于工作，也有人把职业视为生活来源，还有人认为职业代表了身份和地位。那么，职业的含义究竟是什么呢？

作为一种社会现象，职业是社会分工的产物。从字面上看，"职业"一词由"职"和"业"两个字组成，"职"指职务、职位、职权、职责和义务；"业"指专业、事业、行业、业务。"职业"表示行业性专业活动，具有某种责任、义务和权益。所以，所谓职业是指参与社会分工，利用专门的知识和技能，为社会创造物质和精神财富，获得合理的报酬，满足物质生活、精神需求的工作。职业包含以下 4 个方面含义：

（1）人与社会的关系。从事某种职业，就意味着参与了社会分工。

（2）知识技能与创造的关系。利用知识技能创造物质和精神财富，由此引入职业的概念。

（3）创造财富与获得报酬的关系。只有为社会创造物质和精神财富，才有资格获得合理的报酬。

（4）工作和生活的关系。人们通过工作获得合理的报酬，满足其物质、精神生活的需求。

人们习惯使用的"岗位""工种"等概念，实质上就是按不同需要或要求将职业进行了具体划分。一个职业通常包含一到多个工种，一个工种又包含一到多个岗位。所以，职业与工种、岗位之间是包含与被包含的关系，其间的内在联系非常密切。例如"焊工"这一职业就包含"气焊工""电焊工"等十多个工种。另外，同属"销售"这一工种，有的侧重客户服务，有的侧重市场开拓，有的侧重市场调研，据此可细分为市场专员、销售经理、客户代表、终端服务员、大客户专员等不同岗位。

职业在社会生活中的地位非常重要，成千上万种职业组成了现代文明社会的复杂结构，不同的职业分工成为社会与个人、整体与个体之间的纽带。

（二）职业特征

职业的特征包括社会性和时代性特征、专业性和规范性特征、经济性和稳定性特征、知识性和技能性特征、多样性和层次性特征5个方面。

1. 社会性和时代性特征

职业是生产力发展和社会化分工的结果，它的形式和内容都离不开社会，受到社会政治、经济、文化等因素的影响，还与社会制度和社会政策相关。随着时代的发展和社会的进步，旧的职业不断被淘汰，新的职业不断产生，职业在不断地发生变化。相同的职业在不同时期会有不同的内容和形式。从不同时期出现的不同热门职业可以看出，职业具有鲜明的时代特色。例如我国曾出现过的"从军热""从政热""从商热"等，都反映出特定时期人们对热门职业的热衷程度。

2. 专业性和规范性特征

一个人要从事某种职业，就必须具备专业化的知识、能力并遵从特定的职业道德要求，如医生必须要有一定的医疗专业知识、技能和救死扶伤的精神；教师要有学科教学能力和教书育人的职业操守等。随着社会的发展、科技的进步，劳动的专业化程度越来越高，职业的专业性越来越强。职业主体所从事的职业活动必须符合国家的法律规定和社会伦理道德准则。职业分为正当职业和不正当职业两种。不正当职业包括有组织的走私、贩毒、贩黄以及非法传销活动等。这些职业要么不符合国家的法律规定，要么有悖于社会伦理道德的准则要求，特别需要提醒的是，非法传销活动作为不正当职业，对大学生影响很大，应予以警惕。

3. 经济性和稳定性特征

人们从事职业的重要目的是获得一定的报酬，维持自己和家庭的生存与发展。作为专门从事生产劳动的职业，它的形式和内容在一定时期内是相对固定的，这也保证了劳动者能通过连续从事这一职业获得稳定的收入。在职业范畴里，经济性和稳定性是不可分割的，只有稳定性没有经济性的工作不是职业，如家庭主妇；只有经济性没有稳定性的工作也不是职业，如彩票中奖、获得赠予等。

4. 知识性和技能性特征

不同职业需要不同的知识和技能，有的知识和技能比较简单，容易掌握，不需要专门的学习和培训，可以在社会生活中通过经验的总结和常识的积累来获得（如农耕文明就是先民们在天文、气象、水利等方面的知识和耕作方面技巧的积累和总结），但对于大型仪器操作，则需要进行专业培训。在现代社会中，职业分工越来越细，各种新职业层出不穷，职业的知识含量越来越高，技术越来越复杂，从业者需要经过专业的学习和培训，具备专门的知识和技能，才能胜任特定工作。即便是农业生产，随着现代农业的发展，也呈现出越来越明显的专业化态势。

5. 多样性和层次性特征

职业的多样性非常明显，职业领域十分广泛，涉及人类社会生产和生活的方方面面，而且职业的分化还在继续，职业的种类还在不断增加；同时这些不同的职业对劳动者的素质和条件有着多样化的要求。职业的层次性包括各类职业间的层次和各个职业类型内部的层次。虽然我们一直强调职业没有高低贵贱之分，但不可否认的是，收入水平的高低、工作任务的轻重、社会声望和地位的高低确实使职业出现了层次性，影响着人们对职业的看法。

（三）职业分类

职业分类是指国家采用一定的标准和方法，依据分类原则，对从业者所从事的各种专门化的社会职业进行全面、系统的划分与归类。

中华人民共和国成立以来，我国开展了大量的职业分类调查工作，参照国际劳工组织的《国际标准职业分类》，制定了有关职业分类的标准与政策。近年来，为加强就业培训工作，中华人民共和国劳动部（1998 年改名为中华人民共和国劳动和社会保障部，2008 年，劳动保障部与人事部合并为人力资源和社会保障部）在职业分类、新职业开发和国家职业标准制定方面做了大量的工作：1986 年颁布了《职业分类与代码》（GB 6565—1986），1992 年编制并颁布了《中华人民共和国工种分类目录》，1999 年颁布了第一部《中华人民共和国职业分类大典》。根据 2015 版《中华人民共和国职业分类大典》，我国职业按种类划分为 8 个大类、75 个中类、434 个小类、1 481 个职业。

8 个大类分别为：

（1）党的机关、国家机关、群众团体和社会组织、企事业单位负责人，其中包括

6 个中类、15 个小类、23 个职业；

（2）专业技术人员，其中包括 11 个中类、120 个小类、451 个职业；

（3）办事人员和有关人员，其中包括 3 个中类、9 个小类、25 个职业；

（4）社会生产服务和生活服务业人员，其中包括 15 个中类、93 个小类、278 个职业；

（5）农、林、牧、渔业生产及辅助人员，其中包括 6 个中类、24 个小类、52 个职业；

（6）生产制造及有关人员，其中包括 32 个中类、171 个小类、650 个职业；

（7）军人，其中包括 1 个中类、1 个小类、1 个职业；

（8）不便分类的其他从业人员，其中包括 1 个中类、1 个小类、1 个职业。

具体说明如下。

① 高等学校校长属于第 1 大类——党的机关、国家机关、群众团体和社会组织、企事业单位负责人；中类——事业单位负责人；小类——教育教学单位负责人。其他如各级各类学校校长、卫生及科研单位负责人等都属于这一类。

② 高等学校教师属于第 2 大类——专业技术人员；中类——教育人员；小类——高等教育老师。这一职业是指在高等学校专门从事教育教学及科研工作的人员。

③ 导游属于第 4 大类——社会生产服务和生活服务业人员；中类——饭店、旅游及健身娱乐场所服务员；小类——旅游及公共游览场所服务员；职业——导游，这一职业名称是指为中外游客组织安排旅行和游览事项，提供向导、讲解和旅途服务的人员。

（四）职业功能

1. 谋生需要

职业是人类生活的重要组成部分，人的职业生活首先体现为必须通过参加社会劳动来获取生存必需的生活资料。为了获取报酬作为生活资料来源的那一部分劳动，被称为职业劳动。人们通过参加某一岗位的职业劳动来换取职业报酬，在满足生存需要的同时，也积累了个人财富。我国实行的分配原则是以按劳分配为主体，效率优先，兼顾公平，因此劳动者参加职业劳动的数量和质量直接决定其拥有财富数量的多少。

2. 精神需求

著名心理学家马斯洛将人的需求分为 5 个层次：生理需求、安全需求、社交需求、尊重需求和自我实现需求，前两种为基本需求，后三种为精神需求。职业是个人获得名誉、权利、地位、成就、尊重以及自我实现等精神需求的重要来源。因为职业劳动是依据特定的社会规范和内在规律运行的，每种职业都有其独特的要求和活动内容，这些要求和内容对从业者的生理和心理必然产生重大的影响。当某种职业能够使个人才干得到发挥、个性得到发展和完善时，它就成为促进个性健康发展的重要因素。

3. 社会存在和发展的基础

职业的本质是劳动力和生产资料的结合，体现的是人与人之间的社会关系。在满足个人需要的同时，人们的职业劳动也为社会创造了财富。职业劳动生产出来的物质财富和精神财富，是社会存在和发展的基础。现代社会的劳动有着十分明确的分工，只有通过社会成员之间劳动成果的交换，才能满足彼此的需要。这种平等交换劳动成果的过程，既能够体现出为他人服务的程度，又能够衡量出人们对社会和国家所做贡献的大小。所以，职业也是维持社会稳定、让劳动者安居乐业的基本手段。

个人职业生涯成功与否，既受到个人各方面条件的影响，同时也受到他所生活的周围客观环境的影响。所以职业生涯机会评估主要是分析内、外环境因素对自己职业生涯发展的影响。只有通过充分分析了解环境的特点、环境的发展变化、自己在环境中的地位等有利条件和不利条件，同时结合自我评估，才能科学地制定个人职业发展目标、路线和实施方案，才能成功地规划好个人的职业生涯。

一般来说，职业认知主要包括对社会环境的认知、对行业环境的认知和对组织环境的认知三个部分。

二、职业认知主要内容

（一）职业环境认知

1. 社会环境认知

职业所处的社会环境，不仅影响我们的职业，而且还影响我们生活的方方面面。因此，对社会大环境进行分析，了解所在国家或地区的经济、法制建设发展方向，有助于寻求各种发展机会。影响职业生涯的社会环境因素包括以下几方面：

（1）经济发展水平。

当经济发展非常迅速时，百业兴旺，就业渠道、薪资提升和职业发展的机会就会大增；反之，就会使人的职业发展受阻。在经济发展水平高的地区，企业相对集中，优秀企业较多，个人职业选择的机会就比较多，有利于个人职业的发展；反之，在经济落后的地区，个人职业选择的机会就比较少，个人职业生涯也会受到限制。

当然，除了经济形势外，各地区的劳动力市场的供求状况、劳动力价格的市场化程度、人们的收入水平等因素都对职业的选择及发展产生重要的影响。

（2）社会阶层。

人类社会存在着严格的层次划分，它像金字塔一样层次分明。每个社会都存在不平等，差别在于划分的原则不同，有的是基于宗教信仰，有的则基于经济状况，有的是基于教育状况。社会上所存在的不平等现象会影响个人的职业生涯。

社会阶层算是相对比较封闭的一种形态，因为人往往只喜欢和自己所属阶层的人交往。社交圈为某一类型的人提供机会，"生存机会"多半由社交圈决定。虽然社会阶层深深地影响个人的职业生涯，但是阶层界限并非牢不可破。它不但有变动的可能，而且是被人接受的。事实上，很多人为了提升自己的社会地位，有时候需离开原来的阶层，加入工作及生命旅程中的新阶层，教育和婚姻就是非常重要的影响因素。

企业只就社会阶层来挑选员工的时代正在逐渐改变，但是，社会阶层在目前仍是影响个人职业生涯的一大束缚。

（3）地域的发展。

从整个国家范围来说，经济的发展和科技的进步，以及生产率的提高、职业化速度的加快、就业岗位的增加，往往都是存在于发达地区；而对于经济发展较为缓慢和落后的区域，其就业信息、岗位相对较少，造成职业提升也相对缓慢。因此不同的经济区域呈现出了各自的发展特点。我国就业区域主要可划分为几大模块：珠江三角洲、长江三角洲、京津冀经济圈、中西部地区、东北老工业基地和其他地区。

（4）社会文化环境。

社会文化是影响人们行为、欲望的基本因素。它主要包括教育水平、教育条件和社会文化设施等。在良好的社会文化环境中，个人能力受到良好的教育和熏陶，从而为职业生涯打下了更好的基础。

（5）社会价值观念。

一个人生活在社会环境中，必然会受到社会价值观念的影响，大多数人的价值取向，在很大程度上都是为社会主体价值取向左右的。一个人的思想发展、成熟的过程，其实就是认可、接受社会主体价值观念的过程。社会价值观念正是通过影响个人价值观念而影响个人的职业选择。有些职业可能现在还不被人们接受，但是未来的发展空间却很大，如果你要从事这样的行业，就要承受一定的传统社会价值观的压力。

（6）政治制度和氛围。

政治和经济是相互影响的，政治不仅影响到一国的经济体制，而且影响着企业的组织体制，从而直接影响到个人的职业发展。政治制度和氛围还会潜移默化地影响个人的追求，从而对职业生涯产生影响。分析和了解影响职业的社会环境因素，有助于我们个人制订正确的职业生涯规划，使个人在变化的社会环境中不断取得职业生涯的新发展。

（7）科学技术的发展。

科技的发展会带来理论的更新、观念的转变、思维的变革、技能的补充等，而这些都是职业生涯规划中不可或缺的要素。科学技术的发展，有时候直接决定着一个行业的兴衰。认清科技的发展对不同行业可能产生的变化，对职业选择有很大的帮助。

（8）国际贸易状况。

我国对外贸易在不断发展，在经济全球化的大环境下，大学生应该不断提升自己的国际竞争能力，为自身的职业生涯谋发展，为中国经济的发展贡献自己的力量。

2. 行业环境认知

行业环境将直接影响着企业的发展状况，进而影响到个人的职业生涯发展。现在有些行业是新兴行业，有些则已经退出了历史舞台。所以一个人在职业选择前，进行行业分析必不可少。我们周围常常会有人说某个行业比另一个行业要好，这说明从普遍意义上讲，能否获得更多的提升机会，薪水是否比平均水平更高一些，是我们绝大多数人对行业的初步分析，也是我们选择行业的依据。通常，行业与企业的生存空间紧密相连，对公司来说，行业的性质决定着其未来的发展方向和发展程度。从成长的角度上看，选对了行业，个人在择业方面也就成功了一半。那么，行业环境分析又包含哪些内容呢？行业环境分析包括对目前从事或拟从事的目标行业的环境分析，其内容应包括行业的发展状况，国际、国内重大事件对该行业的影响，行业发展前景预测，等等。

（1）行业发展现状。

对行业发展现状进行分析，首先，一定要结合社会大环境的发展趋势。由于科学技术的飞速发展，会使某些行业逐渐萎缩、消亡；更有许多极具发展前途的朝阳产业不断出现、发展起来。我们应了解目标行业是什么行业，这个行业目前是怎样一个发展趋势，是一个逐渐萎缩的行业还是一个朝阳产业。其次，还要了解行业的"冷热"。伴随科学技术发展和大众文化取向等诸多因素，每个时代都有所谓的"热门"行业和"冷门"行业。目前，通信、人力资源、环保、自动化、广告媒体、生物医药、化工、房地产等行业发展迅速，相应的人才需求旺盛，这势必吸引众多求职者的眼球。但大学生求职时，如果仅仅将眼光放在行业的"冷热"上，必然会错过很多好的就业机会，也会给自己的求职增加难度。大学生要善于发现那些适合自己个性和能力的职业。再次，还要分析职业生涯规划目标行业处于生命周期的哪个阶段，是行业发展的引入期、成长期、成熟期，还是衰退期。最后，还要分析目标行业未来有什么样的发展优势，自己想从事的行业中要面对的竞争者形势如何，现在正急需人才，还是已经处于人才饱和期。

（2）国际、国内重大事件对该行业的影响。

行业的发展容易受到国际、国内重大事件的影响，重大要件影响该行业能否提供较多的就业机会。比如 2008 年的北京奥运会、2010 年的上海世博会、2010 年的广州亚运会、2022年北京冬奥会给建筑业、旅游业和服务业带来了较大的发展并提供了较多的发展机会。

（3）行业发展前景预测。

行业发展前景预测可以从两个方面进行：一方面是行业自身的生命力是否有技术、资金支持等；另一方面也要考虑和研究国家对相关行业的政策。例如近些年我国对IT行业提供了很多政策支持，鼓励IT行业大力发展。再例如，我国近年来大力推广环境保护，推行可持续发展战略，保护生物多样性，在农业生产中控制化学制品的使用，开发"绿色食品"等，使环境保护产业如朝阳，充满生机，因而环保设备生产、环保技术咨询等行业迅速发展，提供了大量就业岗位。而大学生如果不了解情况，为了一时利益，盲目进入那些污染严重的行业谋职，必将给自己的职业生涯造成不良影响。

当然，作为初踏入社会的毕业生来说，我们可以通过上网、去书店、咨询懂行的人、参加各种会展或会议，甚至可以深入这个行业的企业去从事工作，来了解行业的环境。

（二）用人单位认知

用人单位认知又称企业内部环境分析，对于学生来说即用人单位分析，它对个人的职业生涯有直接的影响。所有的人都处于企业的小环境之中，个体的发展与企业的发展息息相关。对企业环境进行分析，可以使个人及时地了解企业的实际发展状况和前景，把个体的发展与企业的发展联系在一起，并融入企业，这有利于个人做出合适的职业生涯规划。

个人在选择组织（企业）时有必要通过个人可能获得信息的一切渠道，比如，可以通过公司所在地的新闻出版机构的新闻线索，来了解该组织（企业）产品及服务的详细情况和财政经济状况；通过有关书籍和企业发展史、当地各种商业活动、企业人物获奖的细节也能了解到可供参考的资料信息；另外公司网站上的介绍也会透露一些企业文化；还可以通过参观或参加面试时的谈话，来充分了解和考虑各种因素。

企业环境分析包括：用人单位的声誉和形象是否良好？组织（企业）实力怎样？在本行业中的地位、现状和发展前景怎样？所面对的市场状况如何？产品和服务在市场上的发展前景怎样？能够提供哪些工作岗位？是否与自己适合对路？有无良好的培训机会？企业领导人怎样？企业管理制度怎样？是否先进开明？企业文化是否与自己的期待吻合？福利待遇是否完善等若干方面。具体包括以下6个方面：

1. 企业实力

判断企业实力要关注企业在本行业中是具备了很强的竞争力，还是处于一个很快就会被并吞的地位？发展前景是什么？在激烈的市场竞争中，不一定是最大、最强的企业就能生存，即不是强者生存而是适者生存。只有适应环境，适应发展趋势的企业才能生存。

企业实力分析包括：企业在社会中的地位和声望如何？企业目前的产品、服务和活动范畴是什么？企业的发展领域在哪些方面？发展前景如何？战略目标是什么？技术力量和设施是否先进？在本行业中是否具备很强的竞争力？是发展扩张还是倒退紧缩？是否处于一个很快就会被吞并的地位？谁是竞争对手？企业目前的财政状况如何？企业是真正在"做大""做强"，还是空有其壳？有没有长久的生命力？企业的组织结构是怎样的？是扁平的还是等级制的？等等。

2. 企业结构

企业结构是指对工作任务如何进行分工、分组和协调合作，是企业组织内部各个有机构成要素相互作用的联系方式或形式，以求有效、合理地把组织成员组织起来，为实现共同目标而协同努力。企业结构是管理人员达到企业目标的一种手段，是企业管理的重要组成部分。

企业结构有"三角形"和"菱形"两种。在三角形的企业结构中，处于企业最高层的管理者、执行者、办公人员和部门主管等只占全体员工的15%，而由于没有足够的空间让更多的人进入企业管理的更高层次，因而大部分工作者的生涯呈现在三角形中更低的部分；在新出现的菱形工作结构中，除了5%～10%的高层执行者和管理者外，还有50%～80%的员工称为企业中的核心员工。组织形态从三角形到菱形的转变，意味着个人职业生涯将会受到企业向菱形结构转变的影响。在大型企业中，团队结构一般作为典型的职能结构的补充；而在小型企业中，可以以团队结构作为整个组织形式。在投资银行、顾问公司等新型管理行业中，团队结构几乎成为公司开展业务的重要组织形式。

因此，现代社会成功的组织特征之一是保持扁平化的管理结构，从管理导向的系统转化为团队导向的系统；每一团队成员都拥有足够的专业知识，团队由一些服务提供者和其他自我管理、自负盈亏的成员组成。

3. 企业主要领导人

企业主要领导人的抱负及能力是企业发展的决定性因素。很多成功的大企业都有一位出色的企业家作为掌舵领航人。当然"炒老板鱿鱼"也是职场的一道"家常菜"。因此，需要了解以下信息：企业主要领导人是真心要干一番事业，还是想捞取名利？管理是否先进开明？他有足够的能力带领员工开创新天地吗？他有没有战略眼光和措施？他尊重员工吗？

4. 企业文化和企业制度

组织文化（又称企业文化），是企业在长期生产经营过程中逐步形成与发展的、带有本企业特征的企业经营哲学文化。它可以分为企业的物质文化、制度文化、行为文化和精神文化四大层次。

（1）物质层面是组织文化的表层，包括设备、产品和生产环境，还有视觉形象、厂房外观、颜色、服装等。

（2）制度层面是组织文化的浅层，包括管理体制、规章制度、经营机制、奖惩办法及行为准则、道德规范等。

（3）行为层面是组织文化的中层，包括会议、活动、典礼仪式、领导风格、行为语言及习惯等。

（4）精神层面是组织文化的核心，包括企业经营理念、发展目标、价值趋向、标语口号等。精神层面的核心是企业的核心价值观，即企业全体员工共同信奉的价值标准和基本信念。

组织文化是企业宝贵的无形资产，是凝聚员工最重要的法宝。组织文化是决定在一个组织内发展前必须了解的信息。如果到一个组织文化与个人价值观相抵触的单位工作，往往会发现自己不仅处处受到限制，而且自认为很得意的成绩往往得不到应有的赞许，不利于自身的成长。

一个企业除了有很好的福利、吸引人的薪酬、舒适的工作环境和出色的管理之外，优秀的企业还会创造积极的企业文化，让员工感到快乐和被尊重，使员工工作更有创造性。员工与企业相互配合是否良好的关键在于企业文化是否先进。因为企业文化决定了一个企业如何看待其员工，故员工的职业生涯是为企业文化所左右的。一个主张员工参与管理的企业显然比一个独裁的企业能为员工提供更多的发展机会；渴望发展、追求挑战的员工，也很难在论资排辈的企业中受到重用。所以企业文化是个人在制订职业生涯规划时要考虑的重要因素。因此，在求职时选择让你觉得最舒服的企业文化氛围，才是至关重要的。

企业制度涉及的范围比较广，企业员工的职业发展，归根到底要靠企业管理制度来保障。企业制度包括管理制度、用人制度、晋升制度、绩效考核制度、奖惩制度、薪酬制度、培训制度等，大学生要尽可能了解这些信息，了解企业在组织结构上的特征与发展变化趋势，分析这种安排对自己的未来可能带来什么样的影响。特别要注意企业的用人制度如何，能否提供教育培训机会，提供的条件是什么；自己将来有没有可能在该企业担任更高级的职务或担负更大的责任，个人待遇提升的空间有多大，是基于能力还是工作年限；企业的标准工作时间怎样，是固定的还是可以变通的。当然，也还要对比企业与行业内其他公司提供的薪酬和福利待遇。

当然企业价值观、企业经营哲学也只有渗透到制度中,才能使制度得到切实的贯彻执行,没有制度或者制度制定得不合理、不到位的企业,员工的职业发展就难以实现。

5. 企业内部人力资源规划状况

现在,大型的比较正式的企业一般都制订人力资源规划。通过人力资源规划,可以预测组织未来的人力资源需求总量和人力资源供给总量,这包括企业未来需要什么类型的人才和各种类型人才需要多少,哪些需要从本企业的员工中培养出来。一方面如果求职者知道企业的人力资源规划,知道企业未来对人力资源的需求,就会知道自己加入企业后职业发展是否有机会和会有什么样的机会,进而把企业的人力资源需求与自己的职业发展目标相结合,制订比较恰当的职业发展计划;另一方面,如果企业对员工进行职业生涯开发,有目的地对员工进行培养和培训,对求职者来讲,是实现个人发展的重要保证。

6. 企业性质

企业是党政机关,还是社会团体?是事业单位,还是企业单位?是集体所有,还是个体所有?是外资独资,还是合资?这些企业性质都能影响个体的职业生涯规划。

案例:

对大东热传输有限公司的认知

公司简介:大东热传输有限公司成立于1997年,是通过引进国外技术建立的一家国内大型电解铝独资企业。

公司总投资额为2.8亿元,设计产量为12 000吨铝复合材料。主要产品为铝复合板带箔,主要应用于汽车热交换器(空调、加热器、蒸发器、冷凝器、水箱、油冷器和中冷器)。国内客户主要是汽车热交换器厂,海外客户主要集中在全球热交换器生产厂家在亚太地区的配套厂商。

公司于1999年投产,其销售量从1999年的不到300吨增长到2002年的9 800吨。在公司的销售结构中,海外销售量和国内销售量各占50%。目前大东公司在中国该行业内处于市场领导者地位,其市场占有率为75%,主要客户有上海德尔福、上海汽车配件厂、上海协和、青岛东洋、广州豪华、法雷奥(中国)等公司。公司在除日本外的亚太地区居于领先地位,在亚太市场上的占有率约为30%,其亚太市场主要以泰国、韩国、澳大利亚等地为主,其竞争对手主要是来自日本和德国的同类生产厂商。

公司的盈利情况目前保持着良好的态势,由1999年的亏损2 000万元发展到2002年的净盈利3 500万元。

为了加强公司的竞争优势，公司陆续通过了 QS-9000 质量保证体系和 ISO 14001 环保体系认证，上述体系认证意味着公司持续给客户提供质量稳定的产品有了保证，为公司的可持续发展奠定了坚实的基础。

内部主要生产环节的情况：

在大东公司生产流程中，从原材料投入到产出成品，生产要经过十多个工序，在整个工序里面，复合层的铸锭铸造、热轧、复合、冷轧、薄纵剪为关键工序，这些工序涉及公司的核心技术机密，如果公司的核心机密外泄，将削弱公司的核心竞争优势。

公司的设备除了热轧机（从意大利进口的二手设备）、薄纵剪（意大利 OMM 公司制造）外，其余设备均为中国生产。大东公司的核心技术虽然引自国外，但公司已经掌握了复合层铸锭的生产、复合材料的设计、复合材料的热轧、复合材料的质量控制等关键技术。

公司的效率处于一个不断提升的阶段，产量从最初的不到 400 吨增长到 2002 年的 9 800 吨，公司成品率从当初的 40% 提高到目前的 55%，在公司当前的规模下，公司每提高 1% 成品率，则可增加息税前利润 100 万元。

公司优势、劣势：

由于公司于 1997 年才成立，因此公司的员工十分年轻，平均年龄为 28 岁。年轻的员工容易接受新的观念和方法，但也存在工作经验不足的缺点，需要在工作中给予更多的培训和支持。

在 2003 年度营销计划纲要上，公司对所处环境及竞争情况进行了分析，列举出的优势、劣势如下：

1. 优势

①中国国内唯一一家专门生产汽车铝热传输材料的生产商，在客户群里，产品具有较高的美誉度。

②具有完整的生产汽车铝热传输材料的生产线。

③掌握汽车热传输复合材料的核心生产技术，可以对要进入该行业的其他铝板带生产商形成技术壁垒。

④对客户的工艺和要求比较熟悉。

⑤灵活的交货周期。

⑥同国外生产商相比，距离国内客户最近，有利于对客户的要求做出迅速反应，具有给客户提供全面解决方案的能力。

⑦高效的海外和国内销售渠道。

⑧与技术输出方有密切的技术方面的联系。

⑨强大的新产品的开发能力。

⑩ QS-9000 质量体系和 ISO 14001 环保体系认证。

2. 劣势

①热轧机设备陈旧，成为公司产品质量提高的瓶颈。

②热轧机较高频率的非计划性停机，造成及时交货的不确定性和较高的设备维护费用。

③由于客户的要求多为小批量多品种，公司制品大幅增加。

④热传输材料本身过高的要求使成品率较低，公司生产废料尚不能 100% 回收利用，导致生产成本的大幅增加。

⑤公司当初的设计产能和未来的市场需求不匹配，不能充分满足市场的需求。

从以上企业环境的分析来看，该报告已经从企业实力、企业文化和企业制度、企业内部人力资源规划状况、企业性质等方面做出较全面的分析。目前大东公司在国内铝热传输领域处于领先地位，但是在国内汽车行业和铝加工行业快速发展的形势下，大东的发展也面临着许多不确定因素。如何拥有持续竞争优势、确保领先地位，是管理层近来关心的一个问题。

（三）国家政策认知

1. 现行的大学生就业政策

党和国家为推动高等教育更加主动地适应经济社会发展，要求各地、各部门和各高校高度重视毕业生就业工作，努力满足新时期高校毕业生就业工作的迫切需要，积极探索、总结行之有效的做法和经验，扎扎实实做好相关工作，并出台了一系列相应措施：

第一，地方和高校要把毕业生就业状况作为确定高等教育事业发展规模的重要依据。坚持年度招生计划安排与毕业生就业率适度挂钩，对就业率明显偏低的地方和高校，区分情况，原则上要减少招生、控制招生或调减增幅；在年度招生计划安排中，对毕业生就业率偏低的专业应严格控制或减少招生规模；在制定和实施高校发展规划的工作中，要明确树立"就业意识"，充分考虑就业因素；主管部门要将毕业生就业率作为核定高校事业中长期发展规划的重要参数。

第二，进一步优化调整高校专业设置及学科专业结构，加快改革人才培养模式。

把毕业生就业率作为评议高校设置的主要依据和参数，对毕业生就业率低的地区，控制新增高校的数量；加强地方教育行政部门对本科专业设置、调整的统筹管理和宏观调控，各地教育行政部门应根据本地区高校毕业生的就业情况，确定本地区控制增设专业。

第三，高等职业学校必须明确以就业和社会实际需求为导向，调整专业结构，改革培养模式，加强实践环节的教育教学，保持同经济和社会的直接、密切的沟通与联系。要特别对可能面临就业困难的毕业生有针对性地强化短期职业技能训练。

第四，把毕业生就业状况纳入高校评估指标体系，使评估结果更加全面地反映学校的实际状况。将毕业生就业率作为高校教学评估方案中的重要指标，凡就业率低的学校，一般不得评为优秀；在研究生教育质量评估指标体系中列入与"就业率"相关的内容，对培养单位的教育教学进行合理引导；将教育部直属高校毕业生就业率收入每年编印的蓝皮书，作为反映学校办学状况的一项重要指标。各地要按照有关文件要求，责成高校将毕业生就业工作纳入学校工作的重要议事日程，把高校毕业生就业工作作为考核高校领导干部政绩的重要内容。

第五，将学位工作与毕业生就业率适度挂钩。在审核新增硕士、博士学位授予单位工作时，将各有关高校本科毕业生和毕业研究生就业率作为依据之一；在新增学位授权点（主要是硕士点）审核工作中，将各学科以及各有关高校毕业研究生就业率作为增列硕士点的重要参考因素。

第六，加大就业经费投入，加强就业指导教师队伍建设。对毕业生就业工作做得好的学校，主管部门应适当核拨经费，支持其就业指导中心的建设；主管部门要对所属高校毕业生就业服务信息网络建设给予适当投入，以便充分利用现代化手段为毕业生提供方便、快捷、周到的就业指导和服务；高校必须尽快建立健全毕业生就业指导服务机构，在经费、办公条件、人员等方面给予充分保证，切实把就业指导教师队伍建设摆到重要位置。

2. 毕业生就业的一般性政策和规定

（1）见习试用期的规定

根据国家有关文件规定，大学毕业生到达工作岗位后，事业单位实行见习试用期一年的规定，私企按照双方约定，见习试用期一般为 3～6 个月。在事业单位见习期满后，经考核合格后转正定级。

（2）定期服务的规定

根据国家有关文件规定，经见习合格后，毕业生必须在就业的事业单位连续服务五年（毕业研究生无见习期）。服务期满后允许合理流动。服务期满要求流动的，要按照干部管理的有关规定办理。

（3）用人单位不得拒绝接收的规定

高校毕业生就业方案是经过学生和用人单位双向选择后以协议形式固定了的，协议双方必须严守信誉，不得随意变动就业方案。用人单位不得拒绝接收或退回学生。如发现错派或确属调配不当，由用人单位和派出学校协商解决，不能单方面将学生退回。毕业生报到后，由于本人无理要求造成用人单位退回者，责任自负。

（4）到非公有制单位就业的规定

国家鼓励毕业生面向多种所有制单位就业和多渠道就业。毕业生可以到外商独资、合资企业就业，也可以到个体、民营企业就业。到非公有制单位就业的毕业生，其档案及户口关系按国家和各级政府关于毕业生就业政策和有关规定进行管理。

（5）费用规定

凡纳入国家就业方案的毕业生，可免交城市增容费。各有关部门也不得向毕业生收取上岗押金、风险抵押金等不合理费用。

（6）违反就业协议处理的规定

毕业生同招聘单位达成了就业意向后，应及时与其签订《全国普通高等学校毕业生就业协议书》。协议一旦签好，毕业生、用人单位、学校三方都应严格履行，如有一方提出更改，须征得另两方同意，并由违约方承担违约责任。

3.毕业生就业的其他政策

（1）应届毕业生报考国家公务员的政策。

国家行政机关、其他国家机关和参照国家公务员制度管理的事业单位从高等学校应届毕业生中录用国家公务员，一律实行考试考核、择优录用的办法。大专生（非委培、定向生），大专以上文化程度的毕业生符合国家规定的报考条件的，均可报考。被录用为公务员的毕业生与组织者人事部门签订就业协议书，属于就业范围。

（2）应届毕业生自费出国留学的政策。

随着我国对外开放政策的不断加快，部分学生选择到国外深造或到境外企业去工作。符合国家规定申请自费留学的毕业生，不参加就业，也不再交纳教育培养费。凭国外大学录取通知书，在学校规定时间内提出申请，经教务处和就业指导中心审核同意后，不列入就业计划。集中派遣时还未获准出境的，学校可将其档案、户籍关系转至生源地，毕业生继续办理出国手续或自谋职业。

（3）患病毕业生和残疾人毕业生的政策。

毕业生离校前应进行健康检查，因病不能工作的，应回家休养。一年以内、半年以上治愈的（须经学校指定医院证明能坚持正常工作的），可随下一届毕业生就业；

半年内治愈的，可到原就业单位就业；一年后仍未治愈或无用人单位接收的，户口关系转至生源地，按社会待业人员办理。毕业生报到后，接收单位应组织复查。单位在3个月内若发现毕业生因健康问题不能坚持正常工作，经县级以上医院检查确属在校期间的旧病复发，报主管部门批准，可将毕业生退回学校，按照有关规定处理；如属新生疾病，按在职人员病假期间的有关规定处理，不得把上岗后发生疾病的毕业生退回学校。对患有精神病（需县级以上医院证明）的毕业生，见习期内复发的，用人单位可将其退回学校，由学校退回家庭所在地。对残疾毕业生的就业指导，仍参照原教育部、国家计委、劳动人事部、民政部《关于做好高等学校招收残疾青年和毕业分配工作的通知》（〔85〕教学字004号）文件精神。学校录取的残疾考生，毕业后应按其所学专业，由学校帮助推荐就业，确有困难的，按有关规定由生源所在地民政部门负责安置。

（4）自谋职业和创业的政策。

国家鼓励和支持毕业生自主创业、自谋职业。

①从事社区服务的自主创业的毕业生，经县级以上主管税务机关逐年审核批准，可免征营业税、个人所得税三年，城市维护建设税和教育费附加随营业税一并免征。

②毕业生创办从事咨询业（包括科研、法律、会计、审计、税务等咨询）、信息、技术服务的独立核算企业或经营单位的，经税收部门批准，免征所得税两年。

③自主创业的毕业生新办的从事交通运输、邮电通信的企业或经营单位，经税务部门批准，第一年免征所得税，第二年减半征收所得税。

④自主创业的毕业生新办的从事公用事业、商业、物资业、对外贸易业、旅游业、仓储业、居民服务业、饮食业、教育文化事业、卫生事业的企业或经营单位的，经税务部门批准，免征所得税一年。

⑤高校毕业生到边远贫困地区创办企业，经主管税务机关批准，可减征或免征企业所得税三年。

（5）第二学士学位毕业生就业政策。

国家规定，在校生攻读第二学士学位，修业期满，获得第二学士学位后，原则上按第二学士学位推荐就业。这和普通高校招收的本科生的就业指导基本一样，一是满足国家需要，二是坚持学以致用。在职人员攻读第二学士学位，修业期满，不论是否获得第二学士学位，均回原单位安排工作。已获得第二学士学位的毕业生工作后的起点工资与研究生毕业生工资待遇相同。未获得第二学士学位者，仍按本科生对待。

（6）考研毕业生就业政策。

多数考研的毕业生在择业时考研结果未定，应在协议中向用人单位声明，并且双方应达成共识，如果被录取为研究生，就业协议自动失效；否则，不能签订就业协议。

（7）委托培养、联合办学毕业生就业政策。

委培生是指用人单位（或地区）委托高校培养的学生。委培生要按委培协议派遣，确因委培单位关、停、并、转不能接收的，应由委培单位主管部门出示证明，经市毕业生就业主管部门审核同意，就地就近安排就业，跨市安排就业的要报省毕业生就业主管部门审批。

学校与地方联合办学培养的毕业生原则上回联办地区就业，如因特殊情况确需改变就业去向的，须由联办地区毕业生就业主管部门同意，报省毕业生就业主管部门审核批准后，方可改变就业去向。

（8）定向生的种类及其主要就业政策。

定向生，即定向招生、定向就业的毕业生，主要有两种：①贫困地区定向生；②行业定向生。定向生原则上按照入学时的合同就业。如遇家迁、升学、留校、参军等特殊情况，要出具相关证明材料，征得原定向地区（单位）的主管部门和所到地区（单位）的主管毕业生接收部门的同意，并报送省毕业生就业主管部门审查批准后，才允许改变就业单位。

（四）当代职业发展的趋势认知

社会职业发展趋势，是社会进步、科技发展和人们物质文化需求所带来的职业发展方向或职业走向，包括催生新的职业类别。

1.影响我国职业发展趋势的因素

我国未来的职业发展受到社会发展、世界经济全球化、信息化、科技产业化、文化创意产业化和职业自由化趋势的影响较深，并呈现同步发展的趋势。

（1）社会的发展。

职业是社会发展的结果。随着我国社会的发展，职业的数量、类型、结构、要求都发生着深刻变化。在不同的历史时期，由于人们的价值观念发生变化，职业的结构、要求也随之变化，曾出现过的"从军热""经商热"等都充分说明这点。

（2）世界经济全球化和经济区域化。

20世纪90年代起世界经济发展有两个主要趋势，即经济全球化和经济区域化。经济全球化就是生产要素在全球范围内以空前的速度和规模流动，实现优化配置，并为此而逐步削减各种障碍和壁垒。世界经济全球化的主要特征是：生产全球化、资本全球化、市场全球化。经济区域化是越来越多的国家实施的联合图强的战略，它依仗集团的力量促进和维护本国战略利益，增强综合国力和区域内参与竞争的能力，从而抵御来自区域外的竞争。

世界经济已形成以欧盟、北美自由贸易区和亚太经济合作组织三大经济板块为中心的格局。当今世界任何一个国家都不可能长期游离于国际分工和世界经济大循环之外。三大经济板块的形成和发展，迫使许多国家政府在制定国民经济发展战略时，必须放弃以本国为中心的旧模式和旧观念，必须参照本国所在地区经济贸易集团的共同利益，并根据形势的变化随时调整本国的外交战略，尤其是经济发展战略。世界经济全球化和经济区域化正促使世界的经济力量超越国界，带来更多的贸易、更多的机会、更大的繁荣。众所周知，经济领域是集中职业种类和数量最多的社会生活领域，而世界经济全球化和经济区域化就要求我国积极参与到经济全球化和经济区域化的进程中，调整产业结构，展现参与国际分工的能力。当然这也会促使我国社会职业结构和种类产生变化。

2. 信息化趋势

信息化是指由计算机和互联网生产工具的革命所引起的工业经济转向信息经济的一种社会经济过程。它包括信息技术的产业化、传统产业的信息化、基础设施的信息化、生产方式的信息化、生活方式的信息化等几个方面。信息化是一个相对概念，它对应的是社会整体及各个领域的信息获取、处理、传递、存储、利用的能力和水平。例如，你从职业生涯发展规划师那里获得信息，就是信息技术产业化的例子。

信息化给我国的经济发展尤其是职业发展带来了诸多机遇。它对工业化、城镇化、市场化和国际化的作用是显而易见的，这"四化"的发展都离不开信息化的支撑作用。在全球知识经济和信息化高速发展的今天，信息化是决定"职场"成败的关键因素，也是影响个人职业生涯规划成败的关键因素，还是实现跨地区、跨行业、跨所有制，特别是跨国经营的重要前提。

3. 科技产业化趋势

科技产业化是最近几年出现的一种以科学技术迅速发展和科学技术成果快速实现产业化的一种发展趋势，其目的是使国家的科技产业化水平和能力在世界范围内占领某些或某一科技领域的制高点，并保持一定的市场份额。

科技产业化给职业发展带来巨大冲击。科技产业化，促使许多新技术、新产品和新工艺不断出现。这些新技术、新产品和新工艺的研究、开发、应用必然导致部分职业的新旧更替和一些新职业的产生。比如，随着通信事业的发展，出现了许多通信手段的研究、通信设备的开发和维修等职业。再如，科技产业化的发展对传统印刷业带来了巨大冲击，计算机汉字照排技术的运用，使印刷业告别了铅与火的时代，汉字录入、照排职业快速发展。此外，科技产业化不仅带来职业数量结构的变化，还会使职业的社会地位发生深刻变化。总之，随着科技产业化的发展，脑力劳动职业发展速度越来越快，体力劳动职业将越来越少；经济和服务性行业的职业越来越多，行政管理等行业的需求越来越少。

4. 文化创意产业化趋势

文化创意产业化，本质上是以创意和知识为核心的产业，核心价值是其产品具有精神内涵，是指文化资源与其他生产要素的紧密结合。文化创意产业化是文化与科技、经济互相渗透，互相交融，互为条件，优化发展的经济模式。它虽然也需要高度发达的高新技术，但又不完全依赖高新技术。它强调人的主体地位和主导作用，强调的是以文化为经济发展基础的理念，依靠的是文化资源优势。既可以在发达国家发展，也可以在发展中国家发展，甚至在经济欠发达地区也可以通过发展文化创意产业，使人文资源和文化优势成为新的经济增长点。

5. 职业自由化趋势

在这样一个日新月异的高科技信息时代，固定职业的模式并不能保证最为有效地完成各种任务。因为我们最有效率的生产方式已经发生了改变。事实上许多成功的组织在实现其目标的过程中，对固定职业的依赖性已经大大减少。这就是为什么今天传统的固定职业中有相当一部分正在被临时性工作、项目分包、专家咨询、交叉领域的合作团队或者自我管理的自由职业者代替。

自由职业者简称为"SOHO 一族"，SOHO 是英文 Small Office Home Office 4 个单词的第一个字母的组合，指在家办公的自由职业者。他是独立工作、不隶属于任何组织的人，不向任何雇主做长期承诺而从事某种职业的人。具体来讲，他们自己制订工作计划，灵活安排时间，与客户之间不是雇佣关系而是合作和服务关系，他们在自己的指导下自己找工作做，经常但不是一律在家工作。自由职业的领域主要有：写作、编辑和出版类工作的技术撰稿人，自由职业编辑，编剧自传撰稿人，宣传小册子撰写人，自由职业的新闻工作者；生活管理类工作的色彩顾问、礼品经营、形象顾问、家庭护理员、理疗师、医疗助理、宠物饲养服务、个人购物服务、私人侦探、生活教练、旅行顾问、包办伙食服务、化妆艺术家、摄影师、花草养护、维修服务、个人培训员、团聚联谊策划、瑜伽教练、打扫房间、整理物品、采购礼品、食品采购、安排婚礼、洗衣服；咨询服务类工作的租约谈判、店貌策划、信用建立、广告与营销策划、形象设计、商业礼仪指导；市场开发和推销类工作的 T 恤衫设计、桑拿设备、狗粮、餐具销售等。

职业自由化趋势还包括人们从事第一职业的同时，可能兼职做第二、第三份工作。除了有的行业和组织不允许兼职之外，多数组织对工作人员的业余时间的兼职持宽容的态度。

有人认为所有没有正式单位的人员都可以叫作自由职业者，包括待业人员、失业人员等，这种观点是错误的。所谓自由职业，首先要有职业，而后再有自由。一个人没有职业，找不到职业，是不可以叫作自由职业者的。作为一名自由职业者，必须至少有一项能够安身立命的本领，比如写作、摄影、动画制作等。那些一无所有、一无所长的待业人员或失业人员是不能被称作自由职业者的。成为自由职业者并不是一件容易的事情，要成为自由职业者，必须是具有一定的知识与技能，有社会生存能力，还要有坚强的意志。缺乏生存的技能、缺乏相应的社会关系的人，是没有能力做一名自由职业者的，要成为自由职业者的人绝不是无能者和平庸者。

6. 世界未来职业发展趋势

根据《美国新闻和世界报道》以及国内外关于未来职业发展趋势的调查显示，随着世界经济、社会文化和科学技术的发展，社会上的行业结构将发生很大的变化，未来社会对人才需求的情况也会发生重大调整。

《美国新闻和世界报道》的专家对未来社会的职业发展趋势进行了预测，并提出了未来世界的 20 个主导行业，这 20 个主导的行业是：执法、法律、信息服务、社会工作、医疗服务、公共事务、金融、技工、电信业、工程技术、科学研究、销售、医学、传媒、教育、咨询业、广告业、艺术、娱乐、工程学等。这项调查是对未来美国和发达国家的职业发展趋势进行的预测。这些行业主要是高新技术行业和围绕经济发展的管理及新型服务性行业，都与经济和社会发展密切相关。由此我们可以看到世界未来职业的发展方向。

7. 我国未来职业发展趋势

随着我国社会、政治、经济、文化、科技等方面对外交流的广泛和深入，我国的社会发展逐步跟上世界潮流，某些方面的发展甚至处于世界前列，因此我国未来职业的发展趋势与世界未来职业发展趋势有一定的相似之处。但是由于我国的国情和所处社会发展阶段的特殊性，我国未来职业的发展趋势有着与世界其他国家不尽相同的地方。我国职业数量、种类越来越多，职业结构变化加快，脑力劳动者的比例逐渐增多，职业要求也不断更新，许多热门职业不断涌现。

据估计，21 世纪我国热门职业将朝着以下方向发展：

（1）软件开发、硬件维护、网络集成等高层次计算机科技类职业。当今社会已步入信息时代，技术应用日益普及。据有关方面预测，数年之内计算机专业的毕业生，将持续走俏人才市场，成为高新技术企业争夺的焦点。

（2）通信工程、无线电技术等电子工程类职业。近几年邮电通信事业发展迅猛，程控电话、移动通信网等通信设备现代化建设需要大批通信工程、无线电技术等电子工程类专业的毕业生。

（3）农科类职业。科教兴农，提高农业科技含量，给农科类毕业生提供了显身手的广阔舞台。相当一部分的农科类毕业生将充实到乡镇、农场栽培、菜篮子工程、家禽水产养殖、农业机械行业或农科研究机构中去。他们将凭借自身掌握现代技术和经营管理方法的优势，大胆开展各类集体或个体承包项目，逐步发展成为中国新型的"农场主""牧场主""水产大王"。

（4）金融、房地产、信息咨询等第三产业。技术密集型的第三产业是发展经济的重点，这些行业紧缺高学历、高层次人才。尽管今后仍会出现部分非金融类高校的金融专业毕业生改行就业的现象，但金融专业研究生和名校金融专业本科生在人才市场上依然"吃香"。

（5）政法类职业。时下，专、兼职律师队伍和企业法律顾问队伍日益壮大，律师和法律顾问成为热门职业。随着市场经济的深入发展，社会对法律类专才的需求将日益扩大，今后司法队伍的主要来源将是政法类专业毕业生。此外，公务员考试制度的确立，更为政法类专业毕业生提供了公平竞争的渠道。

（6）师范、医科类职业。据了解，今后师范、医科类毕业生的主要就业去向将引向技术力量较弱的基层单位和边远地区、郊区、一线文教卫生单位，以解决城乡发展不平衡、结构布局不合理的矛盾。

（7）环境类职业。环境问题是人类发展中的一个日益严重的社会问题和重要课题，越来越受到各国重视。更多的废物管理员、废物处理师和环境研究、开发、应用职业会应运而生。

（8）院外医疗职业。随着人们生活水平的提高和医学科技的发展，人类寿命将延长，人口老龄化问题出现，需要大批的医疗保健专家。

（9）美容业。时至今日，人们已普遍接受了"化妆即表达尊重"的理念。化妆已不仅仅是对颜色、材质和搭配的考虑，它的外延将扩大到妆容与时间、地点和场合的和协。其实在美容业高度发达的国家和地区，妆容的分类早已到了不厌其"细"的地步，工作妆与舞会妆，都有极其严格的区分标准。因此美容业将成为热门行业。

（10）商务策划师。在21世纪，商务策划将成为发展前景最好、收入最高、就业最稳定的热门职业之一。当前中国企业缺乏提供商务策划的企业军师，这些军师必须是具备丰富的商务经验且善言谈的人；善于独立思考且洞察力和创新意识较强，能提出好点子或新建议的人；熟悉行业的运行机制且有行业发展的战略眼光，能帮企业战胜转型危机的人，这些人总是能够在各自领域不断提供新创意、新设想，发现更有战略价值的新领域、新课题、新产品，逐渐具备人无我有的优势，因此成为受欢迎的人。

三、职业变迁

职业的变迁是一个历史过程，许多职业与当时人们的日常生活息息相关。职业的变迁能让人直接感知社会的发展与进步。改革开放前，我国生产力水平低，80%的人从事农业劳动，城镇人口大部分从事工业生产。改革开放后，随着经济发展和人民生活需要，第三产业，即商业和服务业迅速发展起来。城镇各种生产、运输、设备制造和操作人员大批转岗；从事农、林、牧、渔等职业的人数减少了一半以上。而饭店、旅游及健身场所服务人员，社区服务人员和从事各种商业贸易的人数急剧增加。

（一）传统职业渐行渐远

近年来，随着经济发展的变化，过去的很多技术、手艺已经不再需要，于是，靠这些行业谋生的人纷纷转行，另谋他业。不知不觉中，一些传统职业在萎缩，消失，逐渐退出了历史舞台。据统计，我国现有的传统职业，与30年前相比已减少了近3 000种。打蜂窝煤、修钢笔等职业因为市场需求的缩减而没落；送煤工、补锅匠、理发匠、磨刀剪、修脚、挖耳等一些传统职业逐渐淡出市场；一些家用产品维修业也面临整合与消亡；卖凉开水、卖杂货、弹棉花等职业因为技术升级而淘汰；电话总机、粮油票等因为政策体制改变而退出历史舞台。大部分技术陈旧的传统行业的从业人员需要转行，而在新兴行业中，符合职业要求的从业人员则数量不足。

（二）新兴职业的涌现

20世纪80年代以后，随着社会的发展，职业观念也发生了翻天覆地的变化。涌现出来的大批新职业，主要集中在第一、第二产业中的高新技术产业和蓬勃发展的第三产业。从分布情况来看，典型的新职业有第一产业中的基因和转基因工程、遗传工程、细胞工程、生态农业、生化试验和技工；第二产业中的加工中心、环境监测、计算机辅助设计、计算机辅助制造、纳米材料生产及航空航天材料技师和技工等。而新职业分布最广的是在社会服务领域。从我国近年来公布的10批新职业来看，"创意设计类"的职业较多。另外，信息、顾问、社会服务、科技类、保健类等职业也在不断增加。分析最近几年诞生的新职业不难发现，新职业带着鲜明的市场经济色彩，在经济高速增长、产业结构发生重大变化的时期，新职业鲜明地体现出了职业结构发生的变化。如"色彩搭配师"这种新兴职业，就是专门为顾客的服饰进行颜色搭配。

（三）新职业的特征

1. 专业知识与操作技能相辅相成，"灰领"职业异军突起

"灰领（graycollar）"一词起源于美国，原指负责维修电器、上下水道、机械的技术工人，这些工人常穿着灰色工作服出现，此类职业也随之得名。"灰领"的内涵是动手与动脑能力的结合，他们是"具有较高知识层次、较强创新能力、掌握熟练的心智技能的新兴技能人才。"如今灰领的范畴已扩大，包括电子工程师、软件开发工程师、装饰设计工程师、绘图工程师、喷涂电镀工程师等。

相比白领和蓝领职业人员，灰领职业人员既要有良好的理论素养，又要有动手实践的能力，是复合型、实用型人才。如动画绘制员、汽车模型工、汽车加气站操作工、包装设计师、数字视频（DV）策划制作师等，都是现代制造业新兴的"灰领"人才。有着比蓝领人员更多的专业知识和更佳的操作技能的"灰领"人才，将成为体现未来发展特征的先导型职业人才，是以后青年求职的主要方向。

2. 迅速发展的高科技产业、创意产业已经成为催生新职业的主要领域

电路版图设计师就是高科技催生的新职业的代表。集成电路版图设计职业伴随 IC 产业的发展而产生。由于对从业人员的专业知识和技能要求较高，IC 版图设计人员是 IC 行业紧缺的技术人才之一。

创意产业则出现了包装设计师、工艺美术设计师、广告设计员、模具设计师、时装设计师、会展设计师、景观设计师、花艺环境设计师、机械产品设计师等新职业。房地产行业的高速发展，使人们对家庭装修、室内设计的要求日益趋向个性化、多样化，人们对家具的设计也提出了更高要求，家具设计师是创意设计类新职业的代表。

3. 职业分类越来越细

随着社会需求的增加和技术的发展，产业细分导致社会分工的细化，职业分类也已远非"三百六十行"所能概括了。比如，银行职员这个职业有了更进一步的划分，更加专业化，出现了资金交易员、资金结算人员、清算人员等一些过去没有的岗位；随着策划风潮此起彼伏，仅"策划师"一项，就有 4 种之多，如商务策划师、会展策划师、DV 策划制作师、房地产策划师等；养宠物的人越来越多，与宠物有关的新职业也随之增多，仅专业维护的职业就有宠物健康护理员、宠物医师等；"挖掘机驾驶员"以前一直被混淆在"普通驾驶员"当中，现在单列出来，代表了社会对该职业的重视。

4. 市场特征越来越明显

市场经济增长的影响下，各类中介服务业的兴起，带动起一大批计划经济体制下不曾有的职业：如技术经纪人、房地产经纪人、人才中介服务人员，这些中介职业正成为现代信息社会人们交流沟通的桥梁。随着股份制企业的出现，各类证券交易人员也日益增多，不少人半路出家，几年下来却成为行家里手。专家预计，这些随着市场经济应运而生的职业，必将随着市场经济的发展而获得更旺盛的生命力。

5. 新需求催生新职业

浙江出现了一种新的职业："陪购"，即跟随客户出入商场，协助挑选适合客户的衣服并负责讲价和拎包，你到任何一个城市，陪购都可跟随，服务比较灵活，工资按小时计算。上海出现了"职业跳车人"，其主要职责是帮助出租车行政管理部门做暗访，每天的工作是"打的"，看出租车驾驶员是否有不文明或者不合法的经营行为。江苏还出现了专门给人点菜的"点菜师""配餐师"。上海出现的"信用管家"很受市场欢迎，主要职责是进行信用调查、评估和管理咨询等服务。青岛出现了专门驾驶汽车的"酒后代驾师"。广州出现了专门拍汽车违章的"线人"。近年来，一种被称为"公关危机顾问"的职业在国内悄然兴起。霎时间，国内各大公关公司对"公关危机业务"的资源展开了激烈的争夺。而在这种行业趋热的局面下，原本就稀少的专业公关危机人才显得越发珍贵，各公司高薪聘请的招聘告示随处可见。新职业的种类可谓五花八门，比如汽车陪驾师、汽车交易咨询师、私家汽车保养师、房地产置业设计师、房产经营代理师、餐点营养顾问、私人形象顾问、商业谈判服务师、会务速记员、楼房模型制作员、外国人家庭生活顾问、宠物心理医生、宠物营养师等。

新职业的背后，往往折射出经济和社会变迁的轨迹。

6. 技工职业备受重视

随着办公室岗位竞争的白热化，加上技工类岗位就业环境的日渐改善，技术含量的提升，以及薪资、福利待遇的进一步提高，白领与蓝领之间的差距得到缩减，技工类职业重回人们的视线。技工类岗位本身的职业稳定性相对较高，有利于个人的长期发展。因此，在新职业中，发展新兴领域的技工类职业也被一些城市纳入，如锁具修理工、汽车模型工、微水电利用工、激光头制造工、霓虹灯制作员、印前制作员、数控机床装调维修工、轮胎翻修工、城市轨道接触网检修工、陶瓷工艺师、糖果工艺师、集成电路测试员等"灰领""蓝领"技工人才。

7. 一些老职业在重新崛起

20世纪50年代，一些旧的职业逐渐消失，如拍卖师、典当师等。在计划经济向市场经济转变后，这些职业重新兴起，并向着更加规范的轨道发展。如拍卖行业 1997 年实行持证上岗以来，已有 14 000 多人获得从业资格。还有一类是更新职业，比如说过去只有传统的车工，随着数字技术在制造业中的广泛应用，又出现了数控车工。

新职业的重新崛起，体现了中国社会生活的变化和进步，深刻地反映了我国劳务市场的需求方向。新职业制度的建立和实施，对于促进就业和发展职业教育，具有毋庸置疑的牵引或者导向作用。改革开放使中国社会发生了巨变，这种变化势必体现在职业的变迁中。了解分析这种变化，对于各种不同类型企事业单位的人才规划、个人职业生涯管理具有重大意义。新职业的诞生和成长，不仅记录了职业发展的轨迹和程度，而且在更宏观的背景下折射出时代风云和社会变迁。新职业潜藏的就业空间，令很多人十分看好，但是新职业的发布，只能说明目前的职业市场上这类职业已经具有一定的规模，这种职业的收入、工作环境、职业前景、职业的生命力、职业生命周期等都还是未知数。人们在选择新职业的时候，一定要分析新职业是否与自己的经历、爱好匹配。

四、职业定位

职业定位就是个人在社会分工中确定自己能够扮演的角色，不必经常"戴着面具"去迎合工作需要，甚至可以突出自己的个性，简单地说就是符合本我，做"本色演员"。

（一）职业定位的含义

职业定位就是要为职业目标和自身能力以及主客观条件寻求最佳匹配。良好的职业定位是以自己的最佳才能、最大兴趣、最有利的环境、最优性格等信息为依据的。在职业定位的过程中，要考虑特长与职业的匹配，兴趣与职业的匹配，性格与职业的匹配，专业与职业的匹配等问题。

职业方向定位报告通过考察对象的 16 种职业特征，根据管理学、心理学、经济学和社会学原理，为个人指出最优的职业方向。职业方向定位报告不仅指出合适的职业方向，而且还从发展角度，结合职业生涯规划理念，阐述与确定职业方向、职业发展和职业转换最核心的理念和方法。

具体内容包括：考察对象的天赋和性格等因素、职业问题的症结及根本原因、在日常工作和生活中的潜在优势和弱点，分析与确定最可能长期成功的职业方向及进步最快的职业发展路径，传授提升职业（不是继续做以前做过的工作）的求职方法。

（二）职业定位的意义

1. 持久发展自己

很多人事业发展不利并非能力不够，而是因为选择的工作并不适合自己；很多人并未认真地思考过"我是谁""我适合做什么"这两个问题，因为不清楚自己要什么；很多人把时间用在追逐不是真正适合自己的工作上，所以随着竞争的加剧会感觉后劲不足。准确的职业定位可以使自己获得更加长足的发展。

2. 善用自身资源

集中精力发展，而不是"多元化发展"，这是职业发展的一个规律。很多人多年来涉足很多领域，学习很多知识，但每一项都没有很强的竞争力。人们常说，"出国吧，再不出国就来不及了""读 MBA 吧，大家都在读""读硕士学位和博士学位吧，年龄大了就读不动了"等。而很多事实说明，出国，拥有 MBA、硕士学位和博士学位不代表永远有优势，过于分散精力会让你失去原有的优势。

3. 抵抗外界干扰

有些人选择职业以薪酬多少作为衡量标准，哪里钱多去哪里，什么时尚做什么。这样在前几年可能在待遇上会有一些差距，但后来薪酬差距并不大。风水轮流转，现在时尚的，过几年就过时了；从前挣钱容易的，过几年挣钱难了。有的人凭借机遇获得了较高的职位，后来在适当的时候放弃了，而选择了短期内看似不好却更适合长远发展的职位。给自己准确定位，你就会理性地面对外界的诱惑。

4. 找到合适位置

在写简历和面试的时候，有的人没能对自己进行准确介绍，使面试官不能迅速地了解你；有的人在职业定位上摇摆不定，使得单位不敢委以重任；还有的人经常换工作，使得朋友不敢相助。职业定位不准，就好像游移的目标，让人看不清其真实的面目。

（三）职业定位内容

只有在了解自己和了解职业的基础上，一个人才能够给自己进行准确的职业定位。

（1）应该了解自己，了解自身的核心价值观念、天赋能力、个性特点、缺陷等。

（2）应该了解职业，了解职业的工作内容、技能要求、知识要求、经验要求、性格要求、工作环境、工作角色等。

（3）应该了解自己和职业要求的差距。一个人会有多种职业目标，但是每个职业目标利弊不同，需要根据自身特点谨慎权衡利弊得失，还要根据自身条件确定达到目标的方案。

（4）应该确定如何展示自己的职业定位。确定了自己的职业取向和发展方向之后，需要采用适合的方式传达给面试官或上级，以此获得入门和发展的机会。

（四）职业定位原则

（1）根据客观现实，考虑个人与社会、个人与单位的关系。

（2）比较职业要求、条件、性质与自身条件的匹配情况，选择条件更合适、更符合自己特长、自己更感兴趣、经过努力能很快胜任、有发展前途的职业。

（3）正确认识自身优缺点、个人性格，寻求合适的职业。

（4）审时度势，及时调整，根据情况变化及时调整择业目标，不能固执己见，一成不变。

（五）职业定位步骤

职业定位和职业目标直接关系到人生事业的成就。据统计，在选错职业目标的人当中，超过80%的人在事业上并不成功。要尽快结束"忙、盲、茫"的状态，就需要进行职业目标定位。

1. 确定职业

对选择职业只具备初步认识是远远不够的，应通过多种渠道去了解相关职业信息，通过网站、出版物、职业搜索引擎、人才双选会、校园招聘会、实习、兼职等途径进行多方面了解，然后确定自己将要从事的职业。接触和采访职场人士，对缺乏工作经验的大学生来说是一个非常值得推广的有效方法。身边的亲戚朋友，你的老师、校友，以及你参加兼职认识的人等，都是你职业信息的丰富来源。

2. 确定行业

应该怎样确定自己将要进入的行业呢？

（1）结合所学专业。如自动化专业，可以先了解制造业、IT业和物流业等。注意两点：一是喜欢所学专业；二是不喜欢所学专业，但没有其他更好的办法。

（2）结合兴趣能力。如生物专业的学生，却对旅游业有兴趣，最终积累导游经验考取了导游证。注意两点：一是了解入行门槛，有兴趣也要有能力；二是属于光凭兴趣转行的人要准备承受风险。

（3）结合行业前景。从所谓的热门行业、朝阳行业切入。注意两点：一是选择热门行业面临的机会多，竞争也更激烈；二是思考自己是否具备能在该行业立足和发展的本领。

（4）结合人脉关系。如通过亲戚朋友等关系可以进入某些行业。注意两点：一是他人认为好的行业不一定适合你；二是要弄清楚该行业状况以及该行业是否适合你长远发展。

3. 确定单位

单位是职业发展的重要平台，但主动地去了解和选择单位的人很少，多数人都是等到用人单位来招人时才发现自己准备不充分。

（1）根据自身价值取向选择单位。如果想做公务员，首选当然是政府机关；如果想多挣钱或出国，应该考虑外企；如果想得到全面锻炼，增强个人能力，可以考虑民企。

（2）根据自己的发展规划选择单位。如果希望积累创业经验，可以考虑进入创业期的企业；如果希望快速晋升，可以考虑进入快速增长期的企业；如果希望平稳，那可以考虑成熟期的企业。

（3）根据自己的行为风格选择单位。习惯个人奋斗的人不要进入注重团队的单位，习惯轻松自由的人不要进入高压管理的单位。

（4）根据自己的求职条件选择单位。自己是进入实力雄厚的大单位，还是服务于实力一般的中小单位，自身的实力应是考虑的重点。

五、职业选择

市场选择人才，人才选择行业，当前正处于一个选择与被选择的时代。人的一生中，绝大部分时间是在职业生涯中度过的，职业生涯成功与否，直接决定人生质量的高低。所以，如何在经济时代中把握足够的机会，作出正确的职业选择，让风险尽量降低，是每个大学生应该学习的。

（一）职业选择的含义

职业选择，指的是人们在自身价值观指导下，从个人职业期望和兴趣出发，凭借自身能力选择适合自己的职业。

职业选择包括从业前和从业后两方面，前者实现就业，后者实现职业变换。一个人职业的选择是否恰当，不仅关系到能否满足个人意愿和兴趣，也关系到自身才能的发挥和对社会贡献的大小。

（二）职业选择的意义

1. 加强生产资料与劳动力的结合

生产资料（又称生产手段）是指人们从事物质资料生产所必需的一切物质条件，即劳动资料和劳动对象的总和。生产资料是生产力中物的因素，在任何社会生产中，人们总是要借助于具体的岗位，通过自己的劳动生产出产品（或服务），为社会做出贡献，从而实现人生价值。

2. 获取更高的经济收益

经济社会的发展离不开经济效益的提高，经济效益是资金占用、成本支出与有用生产成果之间的比较。所谓经济效益好，就是资金占用少，成本支出少，有用成果多。而求职者经过科学、慎重的职业选择，就可以满足这样的需求，为社会和个人节约成本、提高效益。

3. 优化社会风气

良好社会风气的形成和稳定需要多种要素，其中就业问题是个根本问题。大学生要转变就业观念，先就业后择业。即使先就业也要选准行业，为以后的职业发展积累职场经验，降低就业成本，这也是社会稳定的要求，不要因为频繁地跳槽而增加社会的负担和个人就业成本。

4. 促进人的全面发展。

教育的最终目标是促进人的全面发展，并且能够使人学有所长，立足社会。

（三）职业选择原则

1. 择己所爱

对一个人的事业发展而言，职业兴趣有着十分重要的意义。研究表明，一个人所从事的职业与其职业兴趣相吻合，能发挥其全部才能的 80% ~ 90%，能长时间地保持高效率的工作并且乐此不疲；反之，在这方面只能发挥全部才能的 20% ~ 30%，还容易感到厌倦和疲劳。

择己所爱，需要清楚自己的职业兴趣类型。美国著名专家霍兰德先生经过多年研究，发现人的职业兴趣包括 6 种类型：实际型、研究型、艺术型、社会型、管理型、常规型。按照自己的前 3 种职业兴趣去选择职业，人们通常可以感到满足。

2. 择己所长

有兴趣就有能力吗？想当总经理，就有当总经理的能力吗？

杨振宁在美国求学时，最初希望在实验物理学方面有所建树。但时间一长，他发现同样的实验别人做得很轻松，自己却做得很吃力，甚至还引起了爆炸事故。经过认真考虑，杨振宁认为动手能力确实是自己的弱项，尽管他已经很努力，却仍然收效不大，于是他果断地转向了理论物理学研究，后来获得了诺贝尔物理学奖。

职业能力可以培养，但有些能力却是需要天赋的，发现这些天赋并善加利用，必成大器。梵·高（Van Gogh）是天才画家，但他并不是从小作画，刚开始时他是一名画商，然后成为牧师，后来他发现自己对色彩有天生的感受力，于是 30 岁以后开始学画，最终成为举世闻名的大画家。所以，发现自己的天赋并将其发挥出来，是成功人士的制胜法宝。大学生刚开始工作时不要太在乎经济回报，有机会锻炼和验证自己的能力才是最重要的，在这个过程中找出和打造自己的核心竞争力才是成功的关键。

3. 择势所需

时势造英雄，时势也造就职业新锐。社会科技的进步和产业结构的调整不断催生出新兴职业，大学生如果不想刚毕业就失业，选择发展前景好的专业就显得至关重要。

我国的人事管理机构根据全国各类专业协会的有关统计资料，对中国未来 10 年的主导职业进行了分析，预测，结果发现会计、计算机应用、软件开发、环境保护、健康医学与保健医药、咨询服务、保险、法律、老年医学、家庭护理和服务、公关与服务、市场营销、生命科学类、心理学类、旅游管理与服务、人力资源管理这 16 类职业很有发展前途。热门职业前途可观，竞争也激烈，大学生要做好心理准备。

4. 择己所适

美国的一名求职者为了寻找适合自己的工作，花费一年多的时间，尝试了 12 741 种职业，最终还是不满意。

找工作和买鞋子很像，重要的是合适。对于一个无法给自己进行职业定位的人来说，很难确定某种职业是否适合自己。个人与职业的适配不仅包括外在条件（如能力）的适配，也包括内在条件（如价值观）的适配；个人与职业的适配是就总体而言的，局部不适配的情况是正常的、普遍的；个人与职业的适配是发展变化的，现在适配不表示将来也一定适配，现在不适配不表示将来也一定不适配。

六、职业测评

（一）职业测评的含义

职业测评是应用到职场上的心理测量，它通过一系列的科学手段对人的一些基本心理特征，包括能力、兴趣、性格、气质及价值观等进行测量与评估，分析其特点，再结合工作的特点，帮助被测者进行职业选择。可以说，职业测评是正确认识自我的一种非常有效的手段，是了解个人与职业相关的各种心理特征的方法。

（二）职业测评的特点

1. 客观性

职业测评表从编制到实施，从计分到分数的解释都遵循严格统一的科学程序，对所有测评对象来说，施测的内容、条件、计分过程、解释系统都相同。这保证了经过科学程序标准化后的测评具备客观性。

2. 间接性

职业测评并非直接测量，而是间接测量。测评对象的素质是隐蔽在个体身上的客观存在，是抽象的、内在的，通过测评对象的行为体现出来。我们无法直接测量个体的素质本身，但可以通过其表现出来的行为特征进行推测和判断。

3. 相对性

从施测人的主观愿望来说，任何测评都要力求客观真实地反映被测者素质，但无论多么严格的素质测评都会存在误差，这是因为测评存在主观性。一方面，测评方案的设计及测评活动的实施都依赖于施测人的个人经验，而不同的施测人对测评目标的理解、测评工具的使用及测评结果的解释，都难免带有个人色彩，不可能完全一致；另一方面，作为测评对象的个体，其素质是抽象模糊的，其构成是极其复杂的，且测评工具有一定的局限性。所以，职业测评既有精确的一面，也有模糊的一面。从这个意义上讲，职业测评的结果只是相对的，不是绝对的。

（三）职业测评的功能

1. 诊断功能

职业测评的结果能够帮助大学生准确诊断和评估自身的优势和劣势：是否具备某种职业技能，是否需要接受某种职业培训或是否需要参加某种干预性训练，以及个体的自我意识水平等。

2. 预测功能

职业测评的结果可用来预测个体未来的工作表现，把现有工作表现优秀的群体作为预测的参照效标，可以测量到与某职业关系密切的能力，即那些最能决定个体是否可以在某个职业领域取得成功的技能。

3. 比较功能

将个体的一些特性（如兴趣、能力、价值观等）与常模群体进行比较，这是职业咨询中测评工具发挥作用的一个重要方面。

4. 发展功能

测评的结果可以成为激发个体进一步学习的动力，帮助个体意识到职业生涯发展过程中一些值得探索或者进一步发展的机会。

第二节　社会转型期大学生职业发展

在社会转型期，个人有了越来越多的择业机会和发展空间，同时，也要面临更大的社会风险。要想在激烈的竞争中站稳脚跟，实现其社会价值和个人价值，就必须适应形势，及早规划好自己的职业发展方向，并有意识培养自己的职业能力。

大学生应了解自身职业发展的含义和影响自身职业发展的主、客观因素，以便为将来的职业发展打下坚实的基础。

一、职业发展的含义

从组织学角度来说，职业发展是组织帮助员工获取目前及将来工作所需的技能、知识的一种方法。实际上，职业发展是组织对企业人力资源进行的有关知识、能力和技术的发展性教育培训等活动。

从个人角度来说，职业发展是在自己选定的领域里，在自己能力所及的范围内，成为最优秀的专家。这里的专家，是指在某一领域进行过深入的研究和拥有丰富的经验，并且对该领域有深刻而独到见解的人。

简言言之，职业发展就是指导员工如何做好工作，如何在自己的工作上获得进一步的发展。

二、影响职业发展的因素

影响职业发展的因素包括个人因素和环境因素，即内因和外因。

（一）个人因素

个人因素在人的职业发展中起着基础性作用。通常来说，个人因素主要有职业取向、个人能力、职业定位、人生阶段四个方面。

1. 职业取向

职业取向（包括价值观、动机、需要等）是职业发展的一个重要因素。如果职业取向与所从事的职业相匹配，对职业发展将起到积极的作用；反之，则会给职业发展带来一定的不良影响。如有的人职业取向中有要求高收入的倾向，那么，机械的、获得固定收入的工作就很难满足他的职业理想，从而影响他的工作积极性；相反，一些收入较为多样化的职业会激发他工作的欲望和工作的积极性，满足其成就感。

2. 个人能力

个人能力指劳动能力，即运用各种资源从事生产、研究、经营活动的能力，包括体能、心理素质、智力三个方面。个人能力是人的综合能力，是实现职业发展的基础，在正常情况下个人能力与个体发展水平成正比。个人能力一方面体现在正规教育与专业训练上，另一方面体现在个人发展潜力与个人特质上。

3. 职业定位

职业定位有一个形象的概念叫"职业锚"。"职业锚"这一概念是由美国麻省理工学院的施恩教授提出的。他认为在职业生活过程中，每个人都根据自己的天资、能力、动机、需要、态度和价值观等慢慢形成较为明晰的与职业有关的自我概念。一个人随着对自己越来越了解，就会逐渐形成一个占主导地位的"职业锚"，也就是人们选择和发展自己的职业时所围绕的中心。

4. 人生阶段

人生阶段（如青年、壮年、中年、老年）也是职业发展中需要认真考虑的因素。在不同的人生阶段，人们的生理特征、心理素质、智慧水平、社会负担、主要任务等都不相同，这就决定了在不同阶段，职业发展的重点和内容也是不同的。

（二）环境因素

影响职业发展的环境因素分为社会环境因素与工作环境因素，即宏观环境因素与微观环境因素。

1. 社会环境因素。

社会环境因素对职业发展具有重大影响，通常包括经济状况、政治制度、文化氛围、社会阶层等。

经济状况对职业发展有着重要的影响。这里的经济状况，既指全国的宏观经济环境，也指区域经济状况。一般来说，如果经济发展状况好，社会就业就充分，待遇就普遍较高，职业发展的空间随之较为广阔。如美国次贷危机引发了全球金融危机，导致许多企业倒闭，员工的职业发展进入低谷。

政治制度主要体现在政府政策上，这也是影响职业发展的重要因素。因为职业发展与政府政策密切相关。政策的规定，对人的职业发展起着直接或间接的抑制或促进作用。

文化氛围是影响职业发展的"软因素"。文化环境包括公民的教育程度、文化水平、价值观念、风俗习惯及审美标准等。这些"软因素"无形地左右着个人的职业发展水平。

社会阶层也是影响职业发展的一项重要因素，从某种程度和意义上说，它决定着职业发展。

2. 工作环境因素

工作环境因素是对个人职业发展起直接作用的环境因素，包括业务类型、发展规模、企业文化、管理制度、领导者的素质和价值观等。

业务类型是职业发展的重要因素，因为人的职业发展总是在一定类型的业务中展开的。不同业务类型的从业人员在职业发展方面有较大的差异。如 IT 行业的从业人员和机械维修人员，在职业发展的内涵和发展方向上就有很大的不同。

企业的发展规模也是个人职业发展的重要影响因素。如果企业规模大，有更大的业务范围、更成型的制度，个人就有更广阔的提升能力空间，但竞争也许会更激烈；虽然有的企业规模小，但可能会有更多机会接触主要业务，个人的发展空间或许会更大。

企业文化是全体成员在长期生产经营活动中形成并共同遵循的最高目标、价值标准、基本信念和行为规范。企业文化是影响单位运营效益的重要因素，如果个人的价值观与单位文化有冲突，难以适应企业文化，在组织中就难以发展。

管理制度涉及的范围比较广，包括组织特色、经营战略、人力评估、人力资源管理等。单位成员的职业发展，归根到底要靠管理制度来保障，常见的管理制度主要包括合理的培训制度、晋升制度、绩效考核制度、奖惩制度、薪酬制度等。

领导者素质和价值观。领导者的抱负及能力是企业发展的决定性因素。一个企业的成功大都因为有出色的领导者掌舵领航。领导者的素质和价值观，在一定程度上决定了企业成员的职业发展空间和发展机遇。

第三节 "互联网+"时代职业发展趋势

"互联网+"是互联网思维的进一步实践成果,推动经济形态不断地发生演变,从而带动社会经济实体的生命力,为改革、创新、发展提供广阔的网络平台。通俗地说,"互联网+"就是"互联网+各个传统行业",但这并不是简单的两者相加,而是利用信息通信技术以及互联网平台,让互联网与传统行业进行深度融合,创造新的发展生态。它代表了一种新的社会形态,即充分发挥互联网在社会资源配置中的优化和集成作用,将互联网的创新成果深度融合于经济、社会各领域之中,提升全社会的创新力和生产力,形成更广泛的以互联网为基础设施和实现工具的经济发展新形态。在"互联网+"时代背景下,职业的发展趋势也越来越多元化,主要有以下几种发展方向。

一、互联网行业

互联网正在以迅猛之势改变着越来越多的传统行业,其对人才的巨大需求和渴望使得这两年互联网企业的涨薪速度曲线几近陡直向上。一般来说,在一线城市,以BAT(Baidu、Alibaba、Tencent三大互联网企业首字母的缩写)为代表的一线互联网企业给应届高校毕业生的起薪并不高,但只要努力工作,能力出众,实际上入职后的两三年里就很容易拿到10万元以上的年薪。而在三线互联网企业,同等条件下,普通技术员工的年薪一般能达到15万元左右。而准二线的互联网企业的普通员工薪水基本也能达到或超过20万元。与许多传统行业相比,这样的收入水平令人艳羡。工作经验超过5年后,员工在互联网企业中的收入差距就会拉大。

作为一个新兴行业,没有传统行业那么多的关系户、论资排辈或刚性的学历要求,而是更看重实战能力。如果能力出色,快速成长为某部门的技术骨干或重要员工,那年薪就将直奔30万元。如果你有别人难以轻易取代的能力,比如某个模块的技术权威,后台存储开发的技术核心,或者在测试、前端开发、运营维护等环节成为公司骨干的话,拿40万~50万元的年薪也是可能的。

互联网本身是个瞬息万变的大行业,不同子行业的热门程度往往与所在行业的垄断程度、发展速度和从业公司数量有关,目前较为热门的有互联网金融、电商、视频、搜索等。从技术人员的专业技能来看,包括PHP、Java、PM,尤其是Android、IOS语言的平台开发,往往都能有较多的从业选择。大数据开发、云计算、搜索、移动互联网等热门领域都有提供大量的高薪职位。

除了技术人员外，还有两类人才是许多互联网企业，尤其是中、小电商急需的人才类型。一类是熟悉网络市场营销的专业人才，B2B 企业和 B2C 企业都对这类人才有较高的渴求；另一类是懂电子商务专业技能的人才。相比而言，B2B 企业对这类人才的需求更强烈。另外，还要注意的是，总体来看，作为新兴产业，互联网企业的薪酬在不同的城市和地区有着较为明显的差异。数据显示，浙江省、广东省、上海市、北京市的收入水平最高。

二、农业

从创业的角度看，我国农村过去几乎是一张白纸，新农村、新郊区建设的红火，因而带动了农民的需求和农村市场的兴旺，催生了大量创业机会，不仅农民创业热情高涨，而且吸引了城里人和大学生前去创业。

如今，城市创业成本高，竞争激烈，农村则生机盎然，优势凸现。农村的劳动力充足，自然资源丰富，创业成本低；逐渐富裕起来的农民，对物质文化生活需求的层次在提高，各地政府相继出台了系列创业资金扶持政策，创业的机会多而且诱人，许多城里人（包括大学生）发现了这一巨大商机，纷纷投入到农村创业大潮之中。

三、旅游行业

从未来发展趋势看，中国在线旅游行业会保持快速增长态势，因此可以明确的是，市场对于旅游体验师的需求会越来越大。在这种情况下，企业未来会更加注重网络平台的口碑营销模式，旅游体验师会由此获得更大的发展空间。

四、文化娱乐行业

以前一部电影大片，赚几百万元都非常不容易。现在，一部投资仅有几千万元的小成本电影，也能达到十几亿元的票房收入。这个票房数字，说明现在的人们的文化需求在不断增长。

五、生物医药行业

生物医药是国家的战略性新兴产业，制药技术将成为未来创新主动力，也是企业核心竞争力。从对研发人员的薪酬策略上，也可以看到生物医药行业的企业对研发人员的重视程度。

在未来至少 10 ~ 20 年的时间内，国内的生物医药研发大趋势还会继续保持。目前在全球生物医药领域，美国在技术水平和投资上的一国超强局面短期内还无法改变，大量专利非一朝一夕所能追赶上的。以上海为例，目前上海正加快融入国际生物医药研发链和产业链，打造具有国际影响力的研发服务外包中心。这无疑将使得未来一段时间内国内相关领域对医药研发人员，特别是高端医药研发人员的需求会持续旺盛。

六、健康管理行业

近年来，我国经济发展稳步增长，但在物质生活空前丰富的当下，不合理的饮食习惯及不良的生活方式却对人们的健康产生了巨大的负面影响。相关数据表明，中国亚健康人群已经高达 70%，慢性病如脂肪肝、糖尿病、高血压、心脑血管病、肿瘤等已占死亡原因的 88.5%，人们的健康需求已由传统、单一的医疗治疗型，向疾病预防型、保健型和健康促进型转变。社会各阶层的健康需求持续不断提升，健康管理师这一职业也应运而生。具体而言，私人健康管理师主要从事的工作包括采集和管理个人健康信息、评估个人健康和疾病危险性、进行个人健康咨询与指导、制订个人健康促进计划、对个人进行健康维护，是融合营养师、保健师、中医师、心理咨询师等多职业特点于一身的综合性职业。

七、老年用品和服务行业

目前我国老年用品和服务的市场需求为每年 6 000 亿元，但每年为老年人提供的产品服务则不足 1 000 亿元，供需之间的巨大差距让老龄产业"商机无限"。我国的老年用品和服务行业才刚刚起步，涉及养老机构、医疗保健产品、旅游、房地产等领域，各方面的专项产品及服务都还亟待开发。

八、智能家居行业

统计数据显示，智能家电就国内而言拥有着过亿的潜在客户，特别是追求生活品质的年轻人，对智能家电的要求高、需求大，是最大的潜在客户群。

目前智能家居市场存在 4 个瓶颈：一是无法抓住客户的痛点需求；二是购买成本高；三是购买和使用的便利性差；四是客户服务跟不上。

九、信息安全分析行业

从宏观角度来分析，越来越大的市场规模，会带来人才需求剧增。智慧城市的建设也对信息安全体系提出了全新的要求，互联网、云计算、大数据、移动支付等领域的应用信息安全逐渐成为市场的主要发展方向。

信息安全分析师已经成为当前比较紧缺的人才。此类人才可在政府机关、国家安全部门、银行、金融、证券、通信领域从事各类信息安全系统、计算机安全系统的研究、设计、开发和管理工作，也可在 IT 领域从事计算机应用工作。就目前而言，此类职位机会主要集中在一线城市。

第三章　大学生职业素质培养

聘或不聘，综合素质是关键

深圳某年毕业生春季"双选会"暨专业人才交流会上，6 000 个职位迎来全国各地 6 万学子应聘，供需方见面，双向选择，招聘现场人头攒动，应聘者留下了 8 万人次的个人简历和应聘资料。

600 家用人单位进场招贤纳士，它们是深圳和周边地区的高新技术（项目）企业、金融机构、外商投资企业、股份制企业和民营企业，多数为用人需求大户，如富士康、康佳、TCL、深圳航空有限公司、三九制药、中航集团、交通银行等。招聘的职位大多集中在财经类、理工类和深圳地区社会经济发展急需的一些专业上。

招聘者十里挑一，职位竞争十分激烈。企业需要什么样的人？企业依据什么标准选人？除了第一门槛——学历过线、专业对口等基本的硬件外，用人方主要选的是应聘者的综合素质。

研究者曾对资料中 87 家招聘方提出的综合素质条件进行了统计。按每个岗位提出 1 项算 1 次，逐项统计，得出总数 1 167 项次，并按"职业道德与态度""能力要求"两大类分列 13 项，其中"团队合作""责任心""吃苦耐劳"分别排在"职业道德与态度"的前三位；"与人沟通""外语应用"和"信息处理（计算机应用）能力"分别排在"能力要求"的前三位，该份资料中招聘的职位（群）共有 12 个，可以归并成"生产类"（包括"一般职位""技术职位""研发设计"）、"服务类"（包括"客户服务""销售贸易""财务""文秘""律师""翻译""策划师"）和"管理类"（包括"项目经理""行政管理"）。

在职业道德与态度素质方面，六项素质要求在三大类职位中的列序基本一致。在能力要求方面，"沟通能力"和"外语能力"（作为沟通的工具）要求在三大类职位中居于前列。在生产类企业中，由于职位主要为"研发设计"和"技术岗位"，因此"外语能力"要求提出的项次高于一般"沟通能力"；"信息处理（计算机应用）能力"在生产类、服务类职位居第三位，而在管理类职位的要求中却排在"解决问题"和"组织协调"能力之后，居第六位，这与岗位要求特点一致。

第一节　职业素质概述

一、职业素质的含义

职业素质是指劳动者通过接受教育、劳动实践和自我修养等途径形成和发展起来，并在职业活动中发挥重要作用的内在基本品质，是工作能力的一种综合体现。行业和职业不同，对个体的职业素质要求也不同。因此，在校大学生应根据自己的专业和职业目标有针对性地培养自己的职业素质，以达到提高就业能力的目的，也为未来取得职业成功奠定基础。

二、职业素质的特征

（一）职业性

职业素质的职业性又叫作职业差异性，即不同的职业需要不同的职业素质，不同的职业对职业素质的要求具有较大的差异性。例如，作为国家公务员必须具有较高的政治素质、良好的道德修养、较强的动手能力、不辞劳苦的创业精神等；作为管理工作人员必须具有高度的事业心和责任心、较强的综合分析能力、强烈的市场和用户观念、良好的决策或辅助决策能力等。

（二）稳定性

素质是高度统一的个体行为与特征的稳定的结构因素，这种稳定的结构因素并不是存在于一时一事之中，而是体现于个体活动的全部时空中。通俗地讲，素质养成是个长期的过程，会受到遗传、环境等多种因素的影响，但素质在一定时间内具有稳定性，在特定时间内个体对特定事物也会表现出持续而稳定的行为特征。需要说明的是，素质也是处于动态变化过程中的，并不是一成不变的，因此素质的稳定性是相对的。

（三）内在性

职业素质虽然是个体身上的一种客观实在，却是看不见、摸不着的，具有隐蔽性和抽象性，只能通过行为方式、工作绩效和行为结果等表现出来。

（四）整体性

同一个体的素质、同一素质的各种成分作为一个高度统一的整体存在于个体身上，互相联系，互相影响，难以分割。比如，如果说某位老师职业素质好，就不仅是说他知识渊博，也是说他的思想政治素质、职业道德素质好。职业素质的整体性还表现在，其中一项素质较差会影响到整体的工作绩效和社会评价。比如，一个从业人员科学文化素质、专业技能素质都不错，但思想道德素质比较差，那么就不能说这个人整体素质好。

（五）可塑性

职业素质并非一成不变的，而是可以通过教育、社会实践等途径逐步提高和完善的。职业素质的可塑性表现在：缺乏的素质可以通过实践和学习得到不同程度的补偿；一般的素质可以通过训练成为个人的特长素质；已有素质也可能因为长期不予实践而萎缩退化。

第二节　职业素质的组成

职业素质由 5 个方面构成：思想政治素质、职业道德素质、科学文化素质、专业技能素质和身心素质。

一、思想政治素质

思想政治素质是指人们在政治上的信念、世界观、价值观。思想政治素质是职业素质的灵魂，对其他素质起统率作用，规定着其他素质的性质和方向。

大学生要树立科学的世界观。一方面，要认真学习和掌握马克思主义哲学，认识人类社会历史发展的总趋势，顺应时代发展的潮流；另一方面，要在改造世界的实践中经受各种磨难，进行陶冶和锤炼。科学的世界观告诉我们：人生的真正价值在于对社会的贡献或创造，只有在为人类创造幸福的过程中才能获得个人真正的幸福。

理想信念是思想政治素质的灵魂，也是大学生奋发向上的动力。我们的理想就是建设中国特色社会主义，把我国建设成为富强、民主、文明、和谐的社会主义现代化国家。作为大学生，要在这一理想信念的指导下，从现实出发，确立正确的职业理想并进行合理的生涯规划，自觉地把自己的人生追求同祖国的前途命运结合起来，珍惜年华，刻苦学习，努力用人类创造的一切优秀文明成果武装自己，掌握为祖国、为人民服务的真才实学，树立用诚实劳动创造美好生活的思想。

二、职业道德素质

职业道德是社会道德的有机组成部分，是社会道德原则和道德规范在职业生活中的具体表现。它包括职业态度、职业道德修养水平等。

职业道德是一个历史范畴。社会主义职业道德规范的具体要求是：诚实守信、办事公道、爱岗敬业、服务群众、奉献社会。

劳动者应把职业道德规范化为自己的信念，在职业活动中自觉遵守。一个人只有具备一定的道德修养，才能在职业活动中刻苦地钻研业务，提高技能，注意产品质量和服务质量，讲究信誉，忠实地履行岗位职责。

爱岗敬业是职业道德的核心和基础，其中，诚实守信、办事公道是职业道德的重要准则，服务群众、奉献社会是职业道德的灵魂。

三、科学文化素质

科学文化素质是指人们对自然、对社会的思维程度，包括科学精神、求知欲望和创新意识。

（一）科学精神

主要包括求实、创新、进取、怀疑、协作、献身等。对我们普通人来说，只有具备一定的科学精神，才能在职业生活中脚踏实地、勤于探索、勇于创造、善于合作。相反，缺乏科学精神，工作方法难以创新，工作质量难以提高，而且还难以抵制伪科学和反科学思想的侵袭。

（二）求知欲望

表现在许多方面，如不耻下问、质疑、在实践中发现问题。

（三）创新意识

创新是一个民族的灵魂，是一个国家兴旺发达的不竭动力。作为21世纪的建设者，必须要有意识地培养自己的创新能力，这既是为社会多做贡献的需要，也是个人展现自我能力、实现自身价值的途径。创新蕴含着深刻的科学精神，必须以深厚的科学文化功底为基础。

一个人的科学文化素质如何，直接关系到其职业素质的优劣。

四、专业技能素质

专业技能素质是指人们在从事某种职业时，专业知识和专业技能方面所表现出来的状况与水平。

专业知识是建立在科学文化知识基础之上的，与从事的职业密切相关的知识，必须通过专业学习和职业活动来获得。高职高专院校是培养技能性专门人才的，无论什么专业都会开设一定的专业基础和专业技术课，使学生尽快掌握专业知识。

专业技能是在领会专业知识的基础上，经过专业学习过程中的实践训练和职业实践而逐步获得的。

一个人的专业技能素质越强，在职业生涯中所发挥的作用就越显著，创造力也就越强。

五、身心素质

身心素质包括身体素质和心理素质。身心素质是从事职业活动的重要条件，是成就事业的基础。所以，在校期间要积极参加各项有益于身心健康发展的体育锻炼和社会活动，不断提高自己的身心素质。当今社会生活节奏快，工作压力大，特别要注意培养健康的情感和坚强的意志。积极健康的情感，使人思路开阔、思维敏捷，有利于我们适应社会。意志是人类所特有的心理现象，能经受住挫折、有坚强的意志是成就事业的柱石。

职业素质是一个有机的整体。科学文化素质是基础，专业技能素质是本领，身心素质是本钱，思想政治、职业道德素质是灵魂和保证。大学生应该珍惜在学校的学习生活，努力学习，积极参加各项有益的活动，在增长科学文化知识的过程中提升思想政治素质，知行合一，德才并进，和谐成长，为职业生涯的成功奠定基础。

第三节　职业素质的培养与提高

提高职业素质有利于促进人的全面发展。人的一生大部分时间是在职业活动中度过的，职业素质的形成过程就是以专业知识和专业技能为核心的社会文化素质、心理素质和身体素质的整合过程。良好的职业素质有助于促进人的全面发展、促进自身的不断完善。

提高职业素质有利于提高劳动生产率，劳动者的职业素质将影响企业的产品数量和质量。劳动者的职业素质越高，就越能提高劳动生产率。

提高职业素质有利于推动社会发展和科技进步。只有拥有高素质人才，科技才能进步，国家才能繁荣昌盛，社会才能全面发展。

高等院校的素质教育是贯穿在整个教学活动之中的。大学生从走进校园的第一天起，就要重视自己的素质培养和提高。

市场经济带给人们的不仅是个性发展的自由，更多的是激烈的生活竞争环境带来的生存压力。只有根据市场经济的要求调整和充实自己，不断提高自身素质，提高自己谋生的本领，才能更好地生存和发展。

如何加强职业素质的培养和训练，对于每一个大学生来说尤为重要。因为只有提升了自己的职业素质，才能使自己尽快适应职业环境，融入职业生活，将职业和发展机遇牢牢掌握在自己手中。

一、大学生思想道德及心理素质的培养

（一）敬业与奉献意识的培养

1. 敬业与奉献意识

敬业就是把自己所从事的职业加以研究，有恒心，不怕苦，不虎头蛇尾，不见异思迁。敬业意识是大学生在其实践活动中所形成的一种爱专业、专本职的职业观。欲立业，先敬业，因为，敬业是人才选择的重要标准，敬业是成功的秘诀。

奉献意识是一种只有付出而不求任何回报、不计较个人得失的精神和理念。只有具有奉献意识，才能在实际工作中、在平凡岗位上创造出不平凡的业绩来。

2. 具体的培养方法

应该明确职业不仅是谋生的手段，还可以证明自己的社会价值，敬业是成就事业的必备素质。

要用心工作，即应该认为工作不仅仅为薪水，也不是为老板，工作是自己的事情，和自己的成长、未来的发展息息相关，必须全力以赴做好它。

必须告别牢骚与叹息，快乐工作，使自己变成不可替代的人。最后，要记住，敬业是奉献的基础，乐业是奉献的前提，勤业是奉献的根本。

（二）责任意识的培养

1. 责任意识

责任意识就是大学生在其实践活动中对自己必须要做和应该做好的事情的认识。欲立人，担责任，这就是说，生活中的许多责任我们都不能推卸。例如，我们应该为爱负责，为过失负责，为生存负责等。责任始于生终于死。有责任感的人才值得信赖，因为勇于承担责任是一个人成熟的标志。有责任感的人，才能忠诚和信守所负的使命，才能自我约束、履行诺言。

2. 具体的培养方法

一要多一些办法，少一些借口。因为，找借口就是推卸责任，会有很多危害，不要轻易说"不可能"，要学会发现和解决问题。

二要多一些细致，少一些马虎。因为，工作无小事，在细节中更能体现责任。

三要多一些担当，少一些逃避。因为，工作中还会遭遇挫折，所以要学会勇敢面对挫折，勇于承认错误，从错误和失败中学习经验。

（三）行为规范意识的培养

1. 行为规范意识

行为规范意识是指大学生要有遵守社会行为规范的意识，主要体现在遵守国家法律法规、遵守企业的规章制度和遵守职业道德3个方面，即做人做事要有"道"有"规"。因为，规则无处不在，没有规则就没有文明生活，规则是社会有序运行的基础，遵守规则是文明的体现，遵守规则才能提高效率。此外，欲立身，先立德，要成为值得信赖的人，就必须有道德、重操守。

2. 具体的培养方法

一要干一行爱一行，干一行精一行。因为，爱岗敬业是基本的职业道德规范，是人类社会最为普遍的奉献精神，它看似平凡，实则伟大。我们应该树立热爱本职工作的职业态度，不断提高自己的职业技能。

二要强化职业纪律。因为，遵守职业纪律是职业道德的一项最根本的要求。我们要采取各种措施强化自己的职业纪律观念。

三要廉洁自律，自尊自重。要坚持正直原则、诚信原则、公正原则和忠诚原则。

（四）竞争与合作意识的培养

1.竞争与合作意识

竞争是一个国家发展的基础，只有存在竞争，社会才有活力，才能在激烈的竞争中不断地自我更新、发挥潜力；只有重视竞争，有强烈的竞争意识，才能不断地超越。但职业活动中不仅需要竞争，还需要主动合作精神，竞争与合作相伴而生。竞争与合作意识就是对竞争与合作的认识。

竞争不排斥合作。只有竞争，没有合作，竞争缺乏潜力；只有合作，没有竞争，合作缺乏活力。合作行为中有竞争，竞争行为中有合作。

2.具体的培养方法

（1）竞争意识的培养。

增强竞争意识，不仅要懂得竞争的意义，更重要的是应该懂得需要具备什么样的素质去竞争。

首先，要培养优秀的思想品德，这是成人成才的基础。其次，要有真才实学、过硬的知识技能以及解决实际问题的能力。再次，要养成竞争习惯。在丰富多彩的专业技能和各项竞赛活动中，去锻炼提高自己的竞争实力。

（2）合作意识的培养。

一要有信任。因为，没有信任就没有合作，要营造互相信任的气氛。

二要进行有效的沟通。因为，沟通无处不在，只有沟通才能提高信任度，只有沟通才能提高效率。

三要懂得服从和帮助他人。因为，有服从才有执行力；帮助别人就是帮助自己。

四要尊重他人、求同存异、心怀感恩，用理解化解抱怨。

（五）忠诚与诚信意识的培养

1.忠诚与诚信意识

忠诚是每一个大学生职业道德的基本品质。世界上并不缺乏有能力的人，那种既有能力又很忠诚的人，才是每一个企业需要的理想人才。

诚信是一种道德品质，也是做人做事的基本准则，更是职业中不可缺少的德行，其显著特点是待人接物诚恳可信，不用欺骗手段。

2.具体的培养方法

一要加强自己的职业道德修养。因为，忠诚和诚信都属于道德品质范畴。

二要端正自己的工作态度，正确看待大学生与企业的关系，摆正自己的位置，明确自己工作的目的，杜绝贪小便宜的思想。

二、大学生职业交往和适应素质的培养

（一）职业交往的一般原则

1.尊重

只有尊重他人，才能得到他人的尊重。因为，我们不希望别人不尊重自己，所以，在职业交往中，我们一定要学会尊重他人，承认职业交往中双方的平等地位。尊重的基础是人人平等，它不需要任何前提。

2.真诚

以诚待人是职业交往得以延续和深化的保证。真诚就是言行一致、表里如一、为人正直、敢说真话。

真诚可能得罪人，真诚可能一时换不来真诚，但虚伪永远换不来真诚。

在职业交往中，只有彼此抱着心诚意善的动机和态度，才能相互理解、接纳与信任，在感情上引起共鸣，使交往关系得到巩固和发展。

3.宽容

宽容是美德，宽容能够赢得尊重，宽容能够获得朋友。宽容表现为谅解、容忍对方非原则性的问题，对非原则性的纠葛不斤斤计较，能够以德报怨。宽容就是要容忍他人与自己的观点不同。但宽容不是软弱，宽容是职业交往活动的重要准则。

4.乐于助人

任何一个人，只有当一种人际关系对自己是值得付出的，他才愿意并试图去建立和维持这种关系。因此，要想在职业交往中同别人建立良好的人际关系，对别人有帮助是十分重要的。当然，帮助并不是简单地指物质上的支持，它具有丰富的内涵，核心是情感因素。心理学家发现，当人们面临困境时，一旦获得他人及时的帮助，不仅容易确立良好的印象，而且人与人之间的心理距离可以迅速缩短，亲密的关系可以很快建立起来。

（二）职业交往的艺术与技巧

1.给人良好的第一印象

交往是从第一印象开始的，良好的开端是成功的一半。因为第一印象具有前摄作用、光环作用和定式作用，所以在职业交往中一定要注重树立良好的第一印象。

在职业交往中树立良好的第一印象，需要注意以下几个方面：

第一，衣着整洁，讲究仪表。穿着得体犹如一首美丽的乐曲，怡人悦人的仪表也是一种艺术。第一印象往往是从外部形象开始的，所以，衣着、仪表很重要。穿着要得体、整齐和干净，要保持良好的精神状态，具有高雅的风度和气质。

第二，举止得体，虚心求教。学会带着友善的目光和亲切的微笑与人说话。这是建立良好第一印象的秘诀之一。

第三，守时守信，待人真诚。遵守时间，讲究信用，给人以信赖的感觉。这是做人的一种美德。

2. 以对方为中心

在职业交往过程中，务必记住要以对方为中心，放弃自我中心论。例如，请客户吃饭的时候，应该首先征求客户的意见，了解他爱吃什么，不爱吃什么，不能凭自己的喜好，主观地为客人订餐。如果客户善于表达，可以夸他说话生动形象、很幽默，但不能说"你真贫，我们都被你吹晕了！"

以对方为中心交往，尊重自己，尊重别人，恰到好处地表现出来，就能妥善地处理职业交往中的人际关系。

3. 增强人际吸引的力量

在职业交往中，我们要想增强人际吸引的力量，需做到如下几个方面：

第一，微笑着与对方接触。人们在职业交往中为了表示相互敬重、友好，总是微笑着看着对方。微笑是最基本的表情语言之一。

第二，真诚地关心他人。人与人之间的交往是有血有肉的交往，是有感情的交往，职业交往也是如此，只有做到真诚地关心他人，才能赢得朋友，才能培养他人对你的忠诚，才能具有人际吸引力。

第三，留心为他人服务。在职业交往中这点很重要。因为，留心为他人服务是我们在激烈竞争中胜出的有效途径，人们自然会亲近帮助过自己的人。

第四，寻找与他人的共同点。俗话说："物以类聚，人以群分。"人际吸引的规律之一就是接近吸引，所谓"接近"就是与他人的共同点。寻找与他人的共同点有助于促进人们顺利地进行职业交往。

第五，谈论对方感兴趣的事情。实践证明，在职业交往中谈论对方感兴趣的事情是你进入对方心灵的捷径。它是一种愉快地与人相处的方式，与虚伪的恭维是完全不同的，它们是两码事。

4. 交谈的艺术与技巧

（1）听的学问。在职业交往中，尤其在商务对话中，听有三种艺术：

第一，耐心。出于对对方的尊重，应该保持耐心，绝不能表现出不耐烦的神色。

第二，虚心。交谈的目的在于沟通思想、联络感情、互通信息，所以应有虚心聆听的态度。

第三，会心。听人谈话不是被动接受，而是应有主动的反应，有会心的呼应。

（2）谈的学问。现代交往中，大家都明白一个常识——"十里不同风，百里不同俗"，不同行业有不同的要求，站在不同的角度看问题，结果可能大不一样。例如，从事外事工作的人都有一个特点：说话比较中庸。如果被问："这场球赛你认为谁会赢？"他们不会回答谁会赢，或者谁会输，而是会回答都有胜的可能，不偏不倚、模棱两可。这就是职业使这些人形成的语言特点。

三、大学生职业技能素质培养

（一）学习能力的培养

1. 学习能力

学习能力是指能够认识和掌握学习的客观规律，正确处理学习中的矛盾现象，有科学的学习程序、习惯和方法，以及拥有正确的学习理念等方面的能力。学习能力是在职业领域中不断进步的根本保障。

2. 具体的培养方法

第一，确立终身学习的理念。要意识到学习不仅是在学校中的任务，不论在何时、何地都要有探索、学习的意识，要能够随时随地发现可学习的东西，这样才能不断进步、与时俱进。

第二，了解智能的构成。这样就可以在发挥自己特长智能的同时，及时弥补自己不擅长的智能部分，有意识地从整体上提高自己的智能结构水平，适应工作岗位的需要。

第三，掌握科学的学习方法。科学的学习方法有利于提高学习效率和学习效果，对学习能力的提高很有帮助。根据不同情况，可以采取宏观学习法、归纳学习法、发现学习法、问题学习法、比较学习法以及协作学习法等学习方法。

第四，培养自学能力。学校里所学的知识与工作岗位的实际要求之间存在差距，工作岗位的内涵也处在不断变化之中。因此，要培养自学能力。具体的方法有：学会自我激发学习动机，充分了解自身的条件，掌握学习策略，善于从各种渠道获取信息，与同事交换学习方法、学习材料、学习经验和学习体会，必要时接受他人帮助。

第五，在社会中学习。应该在工作中学习，向同事学习，从成功中学习，从失败中学习。

（二）专业能力的培养

1. 专业能力

专业能力，是指职业领域中应具备的专业知识、专业理论、专业技能等方面的能力。专业能力是适应职业岗位的基本条件。

2. 具体的培养方法

（1）努力掌握"必需、够用"的专业知识，要善于将专业知识与在实践中的应用结合起来学习。

（2）掌握熟练的应用技能。关键是勤学苦练，掌握扎实的基本功，练就一身技能。

（三）创新能力的培养

1. 创新能力

创新能力是一种综合能力，它要求大学生具有强烈的创造欲、敏锐的观察力、准确的记忆力和良好的思维能力。要跟上时代的潮流，适应企业的发展步伐，就必须具备创新能力。

2. 具体的培养方法

（1）培养具有发散思维的能力。学会从不同的角度，用不同的方法来解决同一个问题，打破过去那种只沿着一条途径、一种模式思考问题的常规旧习，善于用新的思维方式研究新情况、新问题，揭示新的规律。

（2）培养具有逆向思维和侧向思维的能力。这样可以使眼界更开阔，认识更全面，更有创造性。

第四章 大学生职业目标设计与职业选择

职业生涯规划使储煦走向成功

时任某公司董事长的储煦，在中学毕业时，就立志要成为一名优秀的企业家。抱着这样的梦想，储煦开始制订自己的职业生涯规划。他为自己描绘出了职业生涯的蓝图。高考后他准备报"企业管理类"专业，然后运用这些知识进入企业。目标是确定了，路线怎么走？经过与父母及老师的分析之后，他认为要成为一位真正优秀的企业家，应进入工科院校相应专业学习。因为在创办企业过程中，更需要的是技术基础，而且工科类专业学习不仅是知识技能的培育，还能帮助自己建立一套严谨求实的思维模式，训练逻辑推理能力，养成一种严谨踏实的工作态度。在学习工科的同时，还可以选择学习企业管理的知识，这样能使知识结构达到最优化。在大学期间，储煦在学习工科知识的同时，有目的地学习企业管理、经济方面的知识，并参加了大量的社会实践。

毕业后储煦应聘到了一家外资企业工作，首先到培训基地接受培训。培训期间他严格要求自己，勤奋学习，虚心求教，做到以学习指导实践，以实践巩固学习。被正式分配到工作岗位后，他踏实苦干、爱岗敬业，能保质保量地完成生产任务。同时在工作与生活中能尊重同事、尊重领导，建立了良好的人际关系。一年后他担任了车间的班长，又经过半年的努力他走上了企业车间的管理工作岗位。

储煦在勤奋工作、努力学习提高自身综合素质的同时，还关注企业文化、企业管理、企业经营等方面的理论知识和实践。这些都为后来创业奠定了良好的基础。

五年后储煦联合几个同学创办了自己的企业，租用厂房，自购设备，招聘技术人员及操作工人，开始生产。经过几年的努力，在上海嘉定开发区征地盖厂房，扩大了生产规模。现公司拥有数千万资产，职工百余人，年销售额近亿元。为了提高自己的管理水平，他边工作边攻读在职 MBA 学位，为其职业生涯打下更加坚实的基础。

可以看到，储煦的职业生涯规划思路清晰、步骤合理，充分考虑了自己的兴趣、素质、能力和职业技能的培养，经过不断的努力，最终实现了自己的梦想。

第一节　职业目标设计

一、影响职业生涯目标的因素及发展路线

影响大学生职业生涯规划目标选择和设计的因素有很多。职业规划专家认为，从总体上看，可以分为社会因素和个人因素，这两类因素共同构成一个人的职业生涯目标确立的基础。

（一）社会因素

社会是人才得以活动、发挥才干的舞台。社会大环境是影响人才成长的根本因素。一个国家政治上安定、经济上发展、科技不断进步，就会对人才产生极大的需求，并能为人才的成长提供多方面的条件。而社会动乱、经济衰退、科技停滞，人才需求就难以产生。改革开放以来，随着我国市场经济体制的建立，为大学生的成才提供了良好的机会，也为大学生的发展提供了良好的社会环境。用人单位是人们工作和生活的微观社会组织。经济发展和科技进步使用人单位对人力资源的素质要求越来越高。许多有前瞻意识的单位都重视对员工的培养，积极为人才成长创造条件，鼓励员工进行专业学习、更新知识，以提高技能、积累经验，不断发展。

社会因素有着丰富的内容。除去上述政治、经济、科技发展形势和用人单位的培养外，还包括个人的亲戚朋友等人际关系网络，在职业发展过程中可能获得的帮助，提高素质所需的学习机会和图书资料，成才的社会舆论，与职业生涯发展方面有关的制度与政策（如岗位培训制度，培训、考核与待遇相结合制度）等。社会因素不是个人所能决定的，社会大环境对于同一时期的人来说，都是相同的。对同一单位的不同人来说，条件也是相同的，而其他社会条件的差异则可能较大。发掘这方面的潜力，吸收，借鉴成功者的经验，寻求他们的帮助，是一种聪明的做法，这也是积极地确立职业生涯规划目标的体现。

（二）个人因素

能力是一个人能否从事某种职业，能否在生涯旅程中顺利成长和获得成功的条件。能力具有客观性，因此在确立职业生涯目标和选择生涯道路时，要从客观实际出发，要以"人职匹配"为基本原则，同时注意搜寻自身能力的强项。如果一个人在某一方面的特殊才能得到发挥又符合社会需要，那么就会取得巨大成就，达到生涯的辉煌目

标。能力因素对于职业生涯目标固然重要，但是非能力因素也有巨大的影响，它对于能力因素有着激励、补偿或者约束、限制的作用。在个人生涯道路上，能力因素与非能力因素相辅相成，缺一不可。一个人除应具备和培养一定的能力条件外，还应具备和培养良好的非能力因素。良好的个性心理品质，才能使人顺利发展，取得成功。因此，大学生在确立职业生涯目标时，要坚持"有能力说，又不唯能力说"，以取得自身能力因素与非能力因素的最佳综合效应。

所谓个性心理品质，包括人的兴趣，如兴趣的广度、兴趣的中心、兴趣的稳定性、兴趣的效能等特征；人的情感，包括人的心境、人的热情和人的激情三种状态；人的意志，包括人的自觉性、果断性、坚韧性、自制力和勤奋性五个方面。良好的个性心理品质，不仅对人的成长和成功具有不可忽视的重要作用，而且比能力因素，特别是单纯智力因素的影响要大得多。成就大的人往往具有良好的个性心理素质，比如自信、乐观、谨慎、不屈不挠、执着、顽强等；成就小的人的个性心理素质则明显劣于前者。正如著名企业家冯仑所说那样："伟大是熬出来的，对信念的执着不能靠一时的小聪明。在遇到困难时，多数人是再选择而不是将原来的选择坚持到底。成功者与常人的差别并不是智商，而是一种毅力。这种固执会产生一种力量，使人勇往直前。"因此，大学生在职业生涯规划目标的确立上，也要深入认识和运用自身的非能力因素。

（三）综合社会因素和个人因素，正确选择职业生涯发展路线

人的每一次职业抉择，都存在着机会成本问题，因为这会在很大程度上制约以后的职业选择和生涯发展的机会。因此，在确定职业生涯规划目标之前，明智的做法是先确定自己的职业发展路线。

所谓职业生涯发展路线，是指当一个人选定职业后，为了实现职业目标和职业理想所选择的路径。比如你是向专业技术方向发展，还是向行政管理方向发展？不同的发展路线对从业者的素质要求不同，影响到今后的发展阶梯也不同。由于发展方向不同，对其要求也不相同。因此，在职业生涯设计中须做出抉择，以便使学习、工作以及各种行为沿着你的生涯路线和预定的方向前进。

1. 典型的职业生涯路线图是一个 V 形图

如图 4-1，假如一个人 24 岁大学毕业参加工作，即 V 形图的起点是 24 岁。从起点向上发展，V 形图的左侧是行政管理路线，右侧是专业技术路线。我们可以将路线划分成若干等分，每等分表示一个年龄段，并将专业技术的等级、行政职务的等级分别标在路线图上，作为自己的职业生涯规划目标。

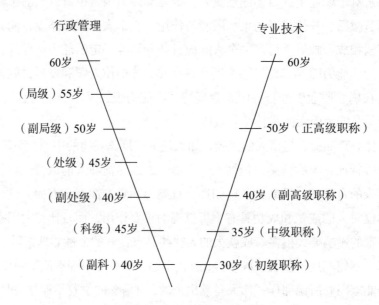

图 4-1　典型的职业生路线图

当职业确定后，方可设计生涯路线。但我们认为，为使大学生的职业生涯设计更有针对性，同时也是为了促进大学生更好地认识自我，在大学期间，学生即可对自己的职业生涯路线做出规划，设想自己将来是走行政管理路线还是走专业技术路线，或是先走专业技术路线再转行政管理路线，这些在设计中须做出抉择。

2. 综合分析确定自己的职业生涯路线

在发展路线抉择过程中，每一个大学生都必须针对下面三个问题反复问自己：① 我想干什么？（我想往哪一路线发展？）② 我会干什么？（我可以往哪一路线发展？）③ 我能干成什么？（我适合往哪一路线发展？）

回答上述三个问题，是对"知己""知彼"有关情况进行综合分析并加以利用的过程。第一个问题是通过对自己的价值、理想、成就动机和兴趣的分析，确定自己的目标取向。第二个问题是通过对自己的性格、特长、经历、学历以及专业的分析，确定自己的能力取向。第三个问题是通过对自己身处的社会环境、经济环境、政治环境、组织环境的分析，确定自己的机会取向。三个取向确定后，进行综合分析，确定自己的职业生涯路线，这对大学生的职业生涯发展是非常重要的。

大学生的自身条件、基础素质不同，适合的职业生涯发展路线也就不同。有的人适合搞研究，能够在专攻领域求得突破；有的人适合做管理，能够成为优秀的管理人才。一般地讲，有三种职业生涯发展道路可供我们大学生选择，即专业技术型发展道路、行政管理型发展道路和自我创业型发展道路。

（1）专业技术型发展道路。专业技术型发展道路是指工程、财会、生产、销售、法律等职业性专业方向。其共同特点是都要求有专门技术性知识和能力，并需要有较强的分析能力。当然，这些技能必须经过长期的培训、锻炼和积累才能具备。如果你对专业技术内容及其活动本身感兴趣，并追求这方面的提高和成就，喜欢独立思考，而不喜欢从事管理活动，专业技术型的发展道路则是最好的选择。相应的发展阶梯是技术职称的晋升及技术性成就的认可，奖励等级的提高及物质待遇的改善。

如果你开始时选择了专业技术方向，但仍然对管理有兴趣，并且希望在管理领域做出一番事业，也完全可以跨越发展。即在开始阶段从事某种技术性专业，不断积累充实自己的专业知识，打下坚实的技术基础，然后在适当的时候，转向专业技术部门的管理职位。将技术骨干提拔到领导管理岗位的事例在各个领域屡见不鲜，事实上这也是时代发展的客观需求和必然趋势。

（2）行政管理型发展道路。如果你善于并喜欢与人打交道，处理人际关系问题感到得心应手，善于从宏观角度考虑问题且比较理智，并善于影响、控制他人，行政管理型的发展道路则是恰当的选择。把管理这个职业本身视为自己的目标，相应的发展阶梯一般是从基层职能部门开始，然后向中级、高级部门发展，其间需要业绩不断地积累提高，从而达到相应层次职位的要求。行政管理型发展路线对个人素质、人际关系技巧要求相对较高。

（3）自我创业型发展道路。现在，有不少人开始选择自我创业或走自由职业者的道路。如日本的就业市场最近出现一个新的趋势，即自由职业者的比例越来越高。创业自由快乐，但创业的艰难也并非是常人能够想象的。客观上，要有良好的机会和适宜的土壤；主观上，创业人不仅要有强烈的创造与成就愿望，而且心理素质要求高，要能够承受巨大的心理压力和承担风险，还要有新思维，善于开拓新领域，开发新产品。否则，要想创业成功，你必须先到社会组织中锤炼，学习如何管理企业。较好的途径是到相关领域组织中从事研究开发和市场销售。

要强调的是，不管你选择哪种职业生涯发展路线，最重要的是一定要结合实际，综合考虑自己的个性、价值观、兴趣、能力等自身条件和社会与组织环境，反复权衡再予以确定。

二、确立职业生涯目标的方法及注意事项

俗话说："三百六十行，行行出状元。"成功的关键不是看你选择了什么职业，而是有没有确立清晰明确的目标。大学生确立职业生涯目标的方法有目标分解法、目标组合法。

（一）目标分解法

职业生涯的实现过程可以用一系列的阶段来表示。目标分解是将目标清晰化、具体化的过程，是将目标量化成可操作的实施方案的有效手段。目标分解就是根据观念、知识、能力差距，将职业生涯的远大目标分解为有时间规定的长、中、短期目标，直至将目标分解为某确定日期可以采取的具体步骤。

我们可以采用按时间分解和按性质分解这两种途径来分解目标。按时间分解，可分解为人生目标、长期目标、中期目标、短期目标。按性质分解，可分解为外职业生涯目标、内职业生涯目标。其中，外职业生涯目标包括工作内容目标、职务目标、工作环境目标、经济目标、工作地点目标等；内职业生涯目标则侧重于在职业生涯过程中的知识和经验的积累，观念和能力的提高以及内心的感受，主要包括观念目标、工作能力目标、工作成果目标、提高心理素质目标、掌握新知识目标、处理与其他人生目标活动关系的目标等。

1. 按时间分解

按时间分解是最常用并且也很容易掌握的目标分解方法。

首先，应该区分最终目标与阶段目标。在经过自我识别定位和职业环境分析，选定了职业路线之后，求职者就会确定一个总体目标。这个总体目标是我们的最终目标，即人生目标。最终目标取决于一个人的价值观、知识储备、能力水平，是对自身条件、社会环境、组织环境等主客观因素进行大量分析之后得到的结果。心理越成熟的人，就会越早地确定自己的最终目标，并朝这个目标努力前进；反之也有人到退休甚至到死，也不清楚自己到底要干什么。最终目标只有与自己的价值观相符才是有效的，并且一经确定就要不再频繁更改。

其次，把最终目标分解为若干个长期（5～10年）目标，每个阶段都有一个具体的目的。它应该具备以下特征：有长远目的、非常符合自己的价值观、与社会发展需求相结合、富有挑战性和创造性、考虑风险、能够用明确的语言定性地描述、一定时间范围内可行、一经实现会带来巨大的成就感和易于分解操作等。

再次，每一个长期目标可以继续分解成若干个中期（3～5年）目标。它应该具备以下特征：与长期目标一致、具有全局眼光、基本符合自己的价值观、自我与组织环境相结合、创新性、灵活性、能够用明确的语言量化描述和环境支持等。

最后，还可以继续将中期目标分解为若干个短期（1～3年）目标。与长期目标和中期目标相比，短期目标更要求有操作性和灵活性。它一般应具备以下特征：与最终目标、长期目标一致，适应组织环境需求，灵活简单，未必与价值观相符但可以接受，具有可操作性，切合实际，确能实现，朝着长期目标以迁为直等。

2. 按性质分解

美国职业心理学家施恩教授，最早把职业生涯分为外职业生涯和内职业生涯。

（1）外职业生涯目标。

外职业生涯是指经历一种职业（由教育开始，经工作期，直到退休）的道路，包括职业的各个阶段：招聘、培训、提拔、奖惩、解雇、退休等。具体来说，外职业生涯是指从事职业时的工作单位、工作地点、工作内容、工作职务、工作环境、工资待遇等因素的结合及其变化过程。许多人以为职业生涯发展就是换更好的工作，或是得到职位的提升，或是增加工资福利。其实这只是职业生涯发展的一部分形式。外职业生涯构成因素通常是由别人给予的，也容易被别人收回。外职业生涯因素的取得往往与自己的付出不符，尤其是在职业生涯初期。有的人一生疲于追求外职业生涯发展的成功，但内心极为痛苦，因为他们往往不了解外职业生涯发展是以内职业生涯发展为基础的。外职业生涯目标具体包括以下目标：

①职务目标：大学生应该具体明晰的职务目标是专业加职务。

②工作内容目标：在现实生活中，能够达到高层职位的毕竟是少数，而且能否晋升很大程度上并不取决于我们自己。所以建议大学生把外职业生涯目标规划的重点移到工作内容目标上来。即把在某一阶段，你计划完成怎样的工作内容详细列出来。工作内容目标，对于选择了专业技术型发展路线的人格外重要。因为这些人的发展体现在本专业技术领域取得的成果及相应的职称晋升，所以具体可行的工作内容目标才是规划的重点。

③经济目标：获得经济收入是我们工作的一大目的，毕竟每个人离不开生存的物质基础。大学生在职业生涯规划中列出收入期望无可非议，但要注意的是切合自己的能力素质和实际，大胆规划出一个具体的数目，这个数字将在日后成为你的重要激励源，不要含糊不清或压根就不敢写。

④工作地点目标和工作环境目标：如果你对工作地点或工作环境有特殊要求，就要在规划中列出这两项内容。总之，尽可能根据个人喜好来规划，但切勿太过细琐，以免影响选择面。

（2）内职业生涯目标。

内职业生涯是指从事一项职业时所具备的知识、观念、心理素质、能力、内心感受等因素的组合及其变化过程。内职业生涯更多地注重于所取得的成功或满足的主观感情以及工作事务与家庭事务、个人休闲等其他需要的平衡。内职业生涯各项因素要靠自己的主观努力才能实现，别人只能是一个助力，而且内职业生涯的各构成因素一旦取得，就变成为别人拿不走、收不去的个人财富。内职业生涯的发展是外职业生涯发展的前提，内职业生涯发展了，外职业生涯自然提升。因此，大学生应当充分重视内职业生涯的发展，认清它在个人职业生涯乃至整个人生发展中的关键性作用。尤其是在职业生涯的早期和中前期，一定要把对内职业生涯各因素的追求看得比外职业生涯更重要。

只追求外职业生涯目标，会让人遭受挫折。如上级对自己不公，工作辛苦但赚钱不多，晋职晋级与自己无缘……经常会让人生活在抑郁之中。其实，我们还有一笔重要的财富不容忽视——丰富的知识经验积累，观念、能力的提高以及由此带来的快乐感、成就感。内职业生涯修炼到位了，机会就会来找你。所以我们在分解和组合自己的职业生涯目标时，内职业生涯目标是尤其应该重点把握的内容。

内职业生涯目标具体包括以下目标：

①工作能力目标。工作能力是对处理职业生涯中各种工作问题的能力的统称。如组织领导能力、策划能力、管理能力、研究创新能力、人际关系沟通能力、与同事协调合作的能力等。衡量一个人的职业生涯成功与否，不在于他是否当上高官、赚到多少钱这些外在表征，而在于他工作的过程中，是否创造了富有实际意义的成果。很多时候，我们职业生涯发展是个横向伸展的过程，可能是工作内容范围的扩大，也可能是专业领域的深入，这都需要我们不断提高个人的工作能力，否则你的职业生涯将会停滞不前。同时，必要的工作能力积累是达到职务目标和收入目标的前提。所以，大学生在制订个人职业生涯规划时，工作能力目标应当优于职务目标。当然，工作能力目标应当切合实际，具有挑战性，并与该阶段的职务职称目标所要求的条件相匹配。

②工作成果目标。工作成果是进行绩效考核的重要指标，优异的工作成果不仅带给我们荣誉感和成就感，也铺砌了通往晋升之途的阶梯。

③提高心理素质目标。心理素质在当今社会越来越受到人们的关注和重视。在职业生涯中，只有心理素质合格的人才能正视现实，努力克服困难、追求卓越；而心理素质差的人只会怨天尤人，自暴自弃。为了使职业生涯规划蓝图能够变成现实，大学生就要不断提高自己的心理素质。提高心理素质目标包括抗挫折、包容他人，也包括在暂时的成功面前保持冷静清醒，做到能屈能伸、宠辱不惊。

④观念目标。观念是对人对事的态度、价值观。当今社会强调观念，各种各样新的观念层出不穷。这些观念影响着我们的行动，也影响组织、领导、同事、客户对我们的态度。随时更新自己的观念，让自己总是站在前沿地带，也是我们规划个人职业生涯的重要一环。

（二）目标组合法

目标组合是处理不同目标相互关系的有效措施。如果只看到目标之间的排斥性，就只能在不同目标之间做出排他性选择；而如果能看到目标之间的因果关系与互补性，就能够积极地进行不同目标的组合。目标组合有三种方法：时间组合、功能组合和全方位组合。

1.时间组合

职业生涯目标在时间上的组合，可以分为并进和连续两种情况。

（1）并进。

职业生涯目标的并进，是指同时着手实现两个平行的工作目标，或者建立和实现与目前工作内容不相关的职业生涯目标。有时候，外部环境给予我们的机会很多，让我们面临着多个选择，只要处理得好，又有足够的精力和能力来应对，在一定的范围内，是可以做到"鱼与熊掌兼得"的。

这里所说的"同时着手实现两个平行的工作目标"，指的是在同一期间内进行的不同性质的工作。如上级管理层兼任技术业务项目责任人；或中、高级管理层的"双肩挑"的情况，就可以称作目标的并进，类似的情况在很多组织（企业）中也屡见不鲜。而"建立和实现与目前工作内容不相关的职业生涯目标"多发生在中年、青年人身上，意在居安思危、未雨绸缪。例如，人们为了获得更大的发展空间，在做好本职工作的同时，进修自己感兴趣的其他课程等。并且有利于开发我们的潜能，在相同的时间内迎接更大的挑战，发挥更大的价值。

（2）连续。

连续是用时间坐标为节点，将多个目标前后连接起来，实现一个目标再进行下一个。一般来说，较短期目标是实现较长期目标的支持条件。目标的期限性也是相对的：随着时间的推移，长期目标成为中期目标，中期目标成为短期目标，短期目标成为近期目标。只有完成好每一个近期目标和短期目标，最终目标才有可能实现。

2.功能组合

很多职业生涯目标在功能上存在着因果关系或互补关系。

（1）因果关系。

有些目标之间存在着因果关系，如前面提到的工作能力目标与职务目标和收入目标，前者是因，后者是果。表现为：工作能力提高→职务提升→收入增加。

通常情况下，内职业生涯目标是原因，外职业生涯目标是结果。一般因果排序为：观念更新目标→掌握新知识目标→提高工作能力目标→职务晋升目标→经济收入提高目标。

（2）互补关系。

职业生涯目标的互补关系是显而易见的，一般高校教师往往同时肩负教学和科研两项任务。教学为进行科研提供了理论基础和方法指导，科研实践又促进了教学内容的更新和教学质量的提高。

3. 全方位组合

全方位组合不仅指职业的范畴，还涵盖了人生全部活动。全方位组合指职业生涯、家庭和个人事务的均衡发展、相互促进。事业不是生活的全部，任何一个人都不能离开家庭和休闲娱乐，完美的职业生涯规划不应把生活中的其他内容排斥在外，全方位组合可以超越狭隘的职业生涯范畴，将全部人生活动联系、协调起来。

（三）正确运用方法，确定职业生涯目标

一个人要获得事业的成功，应当按照人生成功的规律来制订行动的目标。也就是说，一个未来的成功者，必定是一个目标意识很强的人。所谓"目标意识"，就是头脑中始终有清晰的目的，就像是被准确控制的导弹一样，一直"咬"着目标不放，直到击中目标。当这个目标实现以后，他又会盯住下一个目标，直到事业的成功。制订自己的职业目标并没有想象的那么难，只要考虑一下你希望在多少年之后达到什么目标，然后一步一步往回算就可以了。人生要确立一个什么样的事业目标，这要根据主客观条件和可能来加以设计。因为每个人的条件不同，所以目标也不可能完全相同，但确定目标的方法是相同的。

1. 符合社会与组织需求

职业生涯目标，如同一种"产品"。这种"产品"有市场，才有"生产"的必要。故在确定职业生涯目标时，要考虑到内外环境的需要，特别是要考虑到社会与组织的需要，有需求才有位置。

2. 适合自身特点

不同的人有不同的特点。将目标建立在个人优势的基础上，就能左右逢源，处于主动有利的地位。大学生要选择与自身长处相符或相近的目标。人之才能，各不相同。目标选择不能偏离自身长处，否则便是自己跟自己过不去，自己为自己设置前进道路上的障碍。有的人选择职业生涯目标时违背了以上原则，单凭自己的爱好（爱好往往并不能与特长画等号），或者盲目追逐世俗的热点，容易误入歧途。

3. 高低恰到好处

职业生涯目标是高一些好呢，还是低一些好？总的来看还是高一些好。高尔基说过："我常常重复这一句话，一个人追求的目标越高，他的才能就发展得越快，对社会就越有益；我确信这也是一个真理。这个真理是由我的全部生活经验，即是我观察、阅读、比较和深思熟虑过的一切确定下来的。"大学生的职业生涯目标，应是符合实

际的远大目标。在与实际相符合的范围内，自我确定的目标越高，其发展前途就越大。做到志存高远，当前的行动要立足于现实，心中要有符合实际的崇高而远大的抱负，如此则前途无量。远大的目标，能起到激励作用，能促进学习，督促人改进工作方法，激励人为达到目标而发奋工作。所定目标如果仅限于自己能力范围之内，只求工作轻松省力，结果就会使人陷入畏缩不前、消极保守的状态。

值得注意的是，目标不是理想，不是希望，而是理想与希望的具体化。理想是对未来事物的想象或希望，是一种崇高的精神境界，而目标是实的，是具体的。目标与理想的关系是：目标指向理想，二者虽有联系，但不能相互替代。

4. 幅度不宜过宽

奋斗目标有高有低，专业面有宽有窄。在职业生涯规划目标选择中是宽一点好，还是窄一点好呢？一般来说，专业面越窄，所需的力量相对越少。也就是说，用相同的力量对不同的工作对象，专业面越窄的，其作用越大，其成功的机会越多。所以，职业生涯目标的专业面不要过宽，最好是选一个窄一点的，把全部身心力量投放进去，较易取得成功。

例如，某人想成为一名管理专家，此目标确定得太宽。因为管理包括许多领域，一个人的精力有限，要想成为各方面的管理专家，有点不太现实。如果你想成为一名企业战略管理或品牌管理的专家，经过若干年的努力，就有可能实现。

5. 长短配合恰当

职业生涯目标是长期的好呢，还是短期的好？答案是应该长短结合。长期目标为人生指明了方向，可鼓舞人的斗志，引导短期行为。短期目标是实现长期目标的保证，没有短期目标，也就不会有长期目标。特别是在职业生涯发展过程中，通过短期目标的达成，能体验到达到目标的成就感和乐趣，鼓舞自己为了取得更大的成就，而向更高的目标前进。但是，只有短期目标，看不到远大的理想，也会影响激励作用，还会使事业发展摇摆不定，甚至偏离发展方向。

6. 同一时期目标不宜多

就事业目标而论，同一时期目标不宜多，而应集中为一个。目标是追求的对象，你见过同时追逐五只兔子的猎手吗？所谓"一只手抓不起两条鱼"也是这个道理。有的大学生年轻气盛，自认为高人一等，同时设下几个目标。我们的忠告是：那样的话，可能一个目标也实现不了。这不是说你不能设立多个目标，而是你可以把它们分开设置。具体来说，就是一个时期一个目标，拉开时间距离，实现一个目标后，再实现另一个目标。

7. 目标要明确具体

目标就像射击的靶子一样，清清楚楚地摆在那里。干什么，干到什么程度，要有明确具体的要求。比如，学习某一专业，到哪年学习哪些知识，达到什么程度，都要明确、具体地确定下来。

目标明确不仅指业务发展目标明确，而且与之相应的其他目标也要明确具体。比如，学习进修目标、思想目标、经济收益目标、身体锻炼目标等，这些目标也要有明确的要求，同时要做到互相配合、共同作用，促进个人的身心、生活和事业的全面发展。无论是什么目标都应有"度"的要求。所谓"度"，一是时间，二是高度和深度，只有这几个方面完全结合，才能成为明确的目标。

8. 职业生涯目标要与生活目标结合考虑

人生除了事业目标外，还有财富、婚姻、健康等问题。这些问题都直接影响着人生事业的发展和生活质量。所以，财富、婚姻、健康也是人生的重要组成部分，在制订职业生涯目标时应加以考虑。人立志创一番事业，物质基础是必要的，没有一定的物质基础，事业也难以得到发展。所以，在制订人生事业目标时，适当地对个人收入问题加以设计是非常必要的。其设计的方法是：根据需求和实际能力，把渴望得到的金钱数量，用数字表达出来。婚姻也是人生中一件大事，处理得好，有助于事业的发展，一生幸福；处理不好，不但影响事业的发展，而且终生痛苦。人人都希望健康、长寿，事业发展也离不开健康，所以要注意锻炼身体。

（四）确立职业生涯目标应该注意的事项

现实社会中总有这么一部分人，目标虽确立了，但就是达不到，究其原因，还是在目标选择中存在许多问题。因此，大学生在确立个人职业生涯具体发展目标时，必须注意在目标热、冷、难、易、长、短之间进行慎重抉择，同时还要平衡兼顾、具体明确。

个人在确立职业生涯发展目标时，要考虑社会上的人对于这一目标的热衷程度，也就是说，要看这个目标是否"热门"。一般来说，当一个目标成为"热门"，吸引众多的追求者时，往往说明社会对它的需求量较大，社会环境也对它有利；但同时也伴随竞争者数量庞大、真正取得成功者寥寥无几的问题。因此，大学生必须实事求是地估计自己的才能，才不致于被淘汰出局。而着眼于有较大社会需求潜力的"冷门"，即使目前暂时不为人们所重视，但却是未来非常需要的职业，不失为一种明智的策略。

目标也有高低难易之分。确立职业生涯目标，最忌好高骛远，试图一步登天。人才是多层次的，人的能力是有差异的，人的职业生涯成长是由低到高步步递进的。因此，大学生选择目标应该区分阶段、合乎层次、从易到难、循序渐进。很难想象，一个刚毕业的大学生在两三年内就一鸣惊人，成为国际著名专家。起点较低、基础较薄弱、市场竞争条件较差的人，更不宜把目标定得太高。属于较高层次且实现起来比较困难的目标，则应在具有相当基础的条件下再予以考虑。也有的人心高气傲，定下若干目标，结果目标太多太杂，难免顾此失彼，到头来什么也抓不住。并不是说不能设立多个目标，而是要分开设置，一个时期集中瞄准一个目标，逐步实现。

尽快成才，尽快成功，尽早地达到职业生涯的目标，是人们共同的意愿。在选择目标时，必须考虑时间因素。具体地说，在设定目标时，要把近期目标和长远目标结合起来。首先要基于自身的能力、发展潜力和社会经济发展的趋势，勾画出自己的职业生涯高峰，这就是职业生涯的长期目标。它具有"预期未来""宏观综合""人生理想""发展方向""引导短期"和"自身可变"的性质。长期目标一般分为 10 年、20 年、30 年，它是短期和近期目标所追求的最终目标。

职业生涯的长期目标是一种现实性的目标，是具有实际价值的目标，是以长期的人生大目标为发展方向的行动性、操作性目标。短期目标是达到长期目标的初始步骤，通过一个个攻克短期目标，逐步逼近和最终达到长期目标。同时还要注意详细列出实现目标的具体时间，达到什么程度。目标空泛，行动就容易陷入迷茫，人们就不能有意识地收集相关领域的知识信息，也无法有效地培训提高。再者，目标明确不仅指业务发展目标，而且与之相应的学习目标、经济收益目标、职业目标、业绩目标也要有明确的要求。各种目标要做到互相配合、共同作用，促进个人的身心、生活和事业的全面发展。

人生除了事业目标外，还要考虑财富、婚姻、健康等诸多问题。如希望到什么时间，财富收入达到多少，对个人生活有什么预期目标，达到什么标准，这些都应综合考虑，统筹兼顾。

还要注意使个人目标与组织目标达到一致。虽然个人目标是自己的目标，但并非只靠自己的力量就能实现。把自己的目标与组织目标协调起来，发展就会比较顺利。

只有综合考虑上述诸多因素，才能选中最符合实际的、对社会有用的、成功可能性较大的正确目标。这样不仅能使自己的目标与社会需要紧密结合，使自己的长处得到发挥，而且也能保证职业生涯的顺利和成功。

第二节 自我认识与职业选择

一、能力、兴趣、人格与职业选择

事业发展和能力、兴趣、人格之间，有不容置疑的直接关系。交响乐团的指挥，其能力显然和出色的科技人员、出色的飞机驾驶员不同。

（一）能力与职业选择

1. 能力与职业能力

（1）能力。

能力是直接影响人们工作效率，保证人们顺利完成某种工作所必需的个性心理特征。能力与人的工作密切相关，人的能力是在工作和学习中形成、发展并且在工作和学习中表现出来的，如学习能力、交流合作能力、组织能力等。能力的强弱决定工作效率的高低，所以从事某种工作必须以一定的能力为前提条件。

（2）职业能力。

职业能力是在学习活动和职业活动中发展起来的，直接影响职业活动的效率，使职业活动得以顺利完成的多种能力的综合。职业能力表现在相应的职业活动中。从事同一职业的人们，在相同的条件下，如果兴趣和性格不同，他们的职业能力也有差异。

2. 职业能力类型

（1）一般学习能力。

一般学习能力（智力）是指人们认识、理解客观事物并运用知识、经验等解决问题的能力，即逻辑思维能力，它包括记忆能力、观察能力和注意能力。一般学习能力是人在学习、工作、日常生活中必须具备、广泛使用的能力。职业或专业发展水平越高，对人的一般学习能力的要求就越高。

（2）交流表达能力。

交流表达能力是指对词及其含义的理解和使用的能力，对句子、段落、文章的理解能力，以及善于清楚而正确地表达自己的观点和向别人介绍信息的能力。简单说来，它包括文字的理解能力和口头、文字、数字、图表表达能力。不同的职业对人的表达能力要求不相同。例如，教师、营销员、公关人员、工程技术人员等必须具备较好的交流表达能力。

（3）运算能力。

运算能力是指迅速而准确地计算的能力。大部分职业都要求工作者有一定的运算能力，但不同的职业对人的运算能力要求的程度不同。例如，会计、出纳、建筑师等职业，对从业者的运算能力要求较高；而法官、律师、护士等职业，对从业者的运算能力要求则一般；就演员、话务员、厨师、理发师等工作来说，对运算的能力要求相对就较低。

（4）空间判断能力。

空间判断能力是指能看懂几何图形，识别物体在空间运行中的联系，解决几何问题的能力。如果一个人爱好平面几何并且学得很好，通常这个人的空间判断能力就比较强。与图纸、工程、建筑有关的职业，还有牙科医生、内外科医生等职业，对空间判断能力的要求较高；对缝纫工、电工、无线电修理等工作来说，也必须具有一定的空间判断能力才能胜任。

（5）形态知觉能力。

形态知觉能力是指对物体或图像的有关细节的知觉能力。例如，对于图形的阴暗、线的长短做出视觉的区别比较，能看出其细微的差异。对于生物学家、建筑师、测量员、制图员、农业技术员、医生、药剂师、画家等来说，需要较强的形态知觉能力；而对于历史学家、政治家、社会服务工作者来说，形态知觉能力的要求不高。

（6）事务能力。

事务能力是指对言语或表格式的材料的细节的知觉能力，发现错字或正确地校对数字的能力等。像设计、记账、办公室、打字等工作，都必须具备一定的事务能力。

（7）动作协调能力。

动作协调能力是指能迅速、准确、协调地做出精确的动作和运动反应的能力。对于驾驶员、飞行员、牙科医生、外科医生、雕刻家、运动员、舞蹈家来说，这种能力是非常重要的。

（8）手指灵活度。

手指灵活度是指手指迅速、准确和谐地操作小物体的能力。打字员、外科医生、五官科医生、护士、雕刻家、画家、兽医家等，手指必须比一般人灵活。

（9）眼－手－足协调能力。

眼－手－足协调能力是指根据视觉刺激，手足配合活动的能力。

（10）颜色分辨能力。

颜色分辨能力是指观察或识别相似或相异色彩，或对相同色彩明暗效果的感知能力。包括识别特殊色彩、识别调和色或对比色以及正确配色的能力。

3. 能力与职业匹配

不同的职业对能力有不同的要求，每个人都有自己的优势和劣势。因此，一个人只有正确分析自己的能力倾向，才能有所作为。

如果在知道自己的能力及职业能力在哪些方面有优势之后，再进行职业选择，会避免走更多的弯路。

（二）兴趣与职业选择

1. 兴趣在职业活动中的作用

兴趣是一个人积极探索某种事物的认识倾向，是引起和维持注意的一个重要的内部因素。"兴趣是最好的老师"，人们对于有兴趣的事物，总是能愉快地去探究，这种学习研究和工作过程不是一种负担，而是一种身心上的享受。许多研究表明，凡是在事业上有突出贡献的人，都能把个人兴趣和对事业的责任感有机地结合起来。

兴趣可以使人的智力潜能得到充分发挥。当一个人对某种事物产生兴趣时，就能调动整个身心的积极性；就能积极地感知、观察事物，积极思考，大胆探索；就能情绪高涨，想象丰富；就能增强记忆效果；就能增强克服困难的意志。相反，"牛不饮水强按头"是不会取得理想效果的，也不利于充分发挥一个人的聪明才智。

兴趣可以提高人的工作效率。一个人对某项工作有兴趣时，工作起来就会觉得轻松愉快、趣味无穷。兴趣可以调动身心的全部精力，从而使工作效率提高。多方面的兴趣可以使人善于应付复杂多变的环境。如果工作发生变化，只要新的工作是自己感兴趣的，就比较容易适应。

兴趣是行动的动力。许多成功人士有着相似的惊人之处：对自己有兴趣的事非常执着，一意追求，全身心地投入其中，这是事业成功的有力保证。

要想使兴趣真正地成为事业成功的推动力，还必须具有良好的职业兴趣。职业兴趣是一个人对自己从事的职业的积极态度。职业兴趣主要指职业兴趣的广度、职业兴趣的深度、职业兴趣的稳定性和职业兴趣的效能。良好的职业兴趣对选择职业和适应职业都有重要意义。

2. 职业兴趣的类型及相应的职业

由前面的介绍可以看出，因为兴趣对人生事业的发展至关重要，所以兴趣自然是职业选择所考虑的重要因素之一。

人的兴趣各不相同，有的人兴趣倾向于情感世界、活跃于人际关系领域，他们广结人缘，善于应酬；有的人对自然科学感兴趣，表现为积极探索未知的世界，善于思考，积极从事小发明、小创造、小革新；有的人对智力操作感兴趣，对写作、演讲、设计之类的事情乐此不疲；有的人则对技能操作感兴趣，对车、钳、刨、铣、摄影、琴棋书画方面兴致勃勃。正是这种兴趣上的差异成为了人们选择职业的重要依据。因此，兴趣在职业生活中的作用应引起人们重视。

3. 兴趣与专业选择

按照职业生涯规划的基本原则，有兴趣、符合个人爱好是做好职业工作的重要前提。个人在从事符合爱好的工作过程中能够得到满足，有成就感，这样的职业就是"好职业"。在职业教育中，选择专业与选择职业有很大的同一性。高考填报志愿时，根据自己的爱好、意愿来选择相关专业，在校学习时就会有较强的学习动力。相反，也有许多考生的职业意愿是不明确的，或者只是盲从地追逐"热门"，客观上阻碍了个人发展。

兴趣也是可以培养的，或者说也是可以改变的。有时人们对某个职业或专业不认识、不了解，或者受别人的影响而不感兴趣，但是一旦对专业的发展方向有了深入的了解，或对某种职业在人类社会活动中的作用和意义有了认识和了解之后，也可能会对该专业或职业产生兴趣。

（三）人格与职业选择

1. 人格的概念

人格也称个性，它包括气质和性格两方面的特征。

气质指人说话、办事时表现的脾气，有急性和慢性之分，它是人本来就具有的心理活动的动力特征。气质没有好坏之分，但是，在不同的职业活动中，对人的气质要求不一。不同气质特征的人，对特定职业确实存在不适应的问题。职业选择中一般都不孤立地考虑气质类型，而更多地从性格特征考虑问题。

性格是个人对现实稳定和习惯化了的行为方式，它是人在社会活动中通过与环境相互作用而逐渐形成的。性格一经形成就具有一定的稳定性。职业心理学的研究表明，不同的职业对从业者的性格要求不同。例如，从事医生职业的人，要乐于助人、耐心正直、责任心强、冷静自信、稳重；从事科学研究的人，必须一丝不苟、敢于怀疑，有批判精神和创新意识；而自己创业者，应有冒险精神，要乐观、自信、精力充沛和勇于创新，有雄心壮志等。

性格对一个人的成功有着很大的影响。一个人从事的职业与他的个性相适应，工作起来就会得心应手，心情舒畅，容易取得成功。相反，如果性格与职业不相适应，性格就会阻碍工作的顺利开展。

任何事情都有两面性，谨慎的人稳重却可能保守；进取心强的人更容易取得成功，但也可能妄为。一位社会心理学教授告诉他的学生："奋斗通常是指一种强硬的人生态度，主张不屈不挠，能勇往直前。但是在我看来，奋斗包含两个层面——积极斗争和消极适应。适应环境本身就是奋斗的组成部分。只有在此基础上，开辟战场去对待生活，才有胜算的可能。"

虽然人的性格一旦形成就难以改变，但这并不是说人们只能顺其自然。人们仍可以通过自身努力，发挥自己性格的优势，避免或减少性格劣势给事业带来的影响。

2.性格与习惯

（1）习惯构成性格。

习惯的内涵很广，一般可以分为良好习惯和不良习惯，也有生活习惯、学习习惯、工作习惯之分。生活、学习、工作习惯都有良莠之分。就学生而言，生活中良好的习惯有合理饮食的习惯、适时休息的习惯、适量运动的习惯、讲究卫生的习惯、健康娱乐的习惯、预习复习的习惯、按时完成作业的习惯、独立思考的习惯、积极收集资料的习惯等；工作中良好的习惯有吃苦耐劳的习惯、认真负责的习惯、今日事今日毕的习惯、勤于思考勇于创新的习惯等。另外还有几种在生活、学习和工作中都必须具备的良好习惯，即凡事定目标、做计划的习惯，科学利用时间和金钱的习惯，团结协作、乐于助人的习惯，坚持原则、遵纪守法的习惯。生活、学习和工作中的不良习惯在人群中也不少见，如暴饮暴食、抽烟酗酒、不讲卫生、作息无常、贪图享乐、工作学习敷衍拖拉、怕苦怕累、斤斤计较、做事无目的无计划、随波逐流、唯我独尊等。以上种种习惯以不同的组合存在于一个人身上，就构成一个人的性格。我们常说的此人性格严谨、认真、守时、果断，就是好习惯的表现。

（2）习惯源于思想与行为。

成功学指出："习惯是一再重复的思想与行为所形成的。"不良习惯与良好的习惯都是这样形成的，如抽烟、喝酒、睡懒觉、做事拖拉、随地吐痰、乱扔垃圾、不讲卫生等是如此；凡事按计划进行、今日事今日毕、早晚适时锻炼身体、勤洗澡勤换衣、注意环境卫生等，也是如此。因此，一定要在思想上高度重视平时的行为规范，不要让不良行为重复而成为习惯。俗话说：学坏容易，学好难。其原因是形成坏习惯的行为是满足某种低等的要求而自然发生的，本能成分较重，不顾及社会，不需花多大力气，往往是随波逐流形成的；而良好习惯的形成，需要人的精神来控制，成功是需要意志和恒心才能做到的。

（3）培养好习惯就是迈向成功。

习惯是一种力量，有时表现得很强大，它能使你成为掌握自己的主人，也能迫使你成为它的奴隶。例如，按时学习的人，是不容易被动摇的；长期勤俭节约的人，是不会随便乱花钱的；勤洗澡、勤换衣的人，几天不洗澡、换衣是很难受的。而社会上也不乏烟酒的"奴隶"、开口就说脏话的人。习惯力量的大小，主要取决于形成这种习惯的思想深度和行为重复的次数，重复的次数少，力量就小，反之则大。有些不良习惯如果使人形成心理及生理的依赖就很难改掉，必须外加强大的力量才能改掉。因此，要从小和尽早形成好的习惯，拒绝不良习惯。

3. 人格的类型与职业选择

心理学家根据人格特征与职业选择的关系，把人格分为六种类型，即研究型、艺术型、社会型、企业家型、现实型、常规型。

在日常生活中，人们常常把人的性格分为内向型、外向型，但是纯粹属于内向型或外向型的人并不多，大多数人属于"混合型"，只是程度有差异而已。一般说来，外向型性格的人由于对外界事物更感兴趣，表现为善于表露自己的情感、乐于与人交往，因而适合从事能充分发挥自己行动积极性的、与外界有着广泛接触的职业。内向型性格的人比较适合从事有计划的、稳定的、不需要与人过多交往的职业。

二、职业选择影响因素分析

在制订自己的职业生涯规划时，只有充分考虑自己的特点，职业与行业、社会的需要等因素，才能取得良好的效果。

（一）自身因素分析

1. 自我认识与自我评估

你对自己有一个清楚的认识吗？通过自我评估，我们就会更清楚地了解自己。自我认识与自我评估一般包括以下几项内容：

（1）对自己需要的认识。

（2）对自己动机的认识。

（3）对自己理想、信念和世界观的认识。

（4）对自己兴趣的认识。

（5）对自己性格的评估。

（6）对自己能力的评估。

（7）对自己受教育和培训经历的认识。

（8）对自己参加社会工作经历的认识。

（9）对自己家庭背景和其他因素的考虑。

2.SWOT 分析法

在所有职业生涯机会的评估方法中，SWOT 分析法是最著名的方法之一。SWOT 是 "优势、劣势、机会、威胁" 4 个英文的第一个字母的组合。一般来说，优势和劣势从属于个体本身，而机会和威胁则更可能来自外部环境。因此，当个人评估职业生涯机会时，SWOT 分析便会派上用场。

（1）优势。

即自己出色的方面，尤其是与竞争对手相比，具有优势的方面。例如，动手能力强、身心素质好等。

（2）劣势。

即与竞争对手相比处于较欠缺的方面。例如，不善于言表、交际活动能力比竞争对手差等。

（3）机会。

即有利于职业选择和职业发展的一些机会。例如，在学习阶段获得某大企业在学院的 "订单培养"、到某公司实习的机会；在工作阶段获得开发新产品、到外地办分厂、公司市场扩大需要市场部经理等机会。

（4）威胁。

即存在潜在危险的方面。例如，专业不热门、就业竞争压力大、所在企业效益可能滑坡、不喜欢自己的人来担任直接上司等。

（二）职业因素分析

1.产业结构的升级与职业变化

产业结构变化对社会分工产生了革命性影响。随着产业中技术与知识含量的增高，社会分工的基础从体力为主逐步发展到以脑力（智力）为主。

从产业发展的历程来看，每一次产业的更迭，新出现的产业对原有产业都会施以革命性的影响。例如：第二产业的兴起带来了农业的机械化，提高了农业生产效率，减轻了农业生产中的劳动强度；第三产业的兴起带来了农业技术革命和农工商一体化的农产品市场化；信息产业的兴起给农业、工业带来的是高科技、国际化的前景。

产业的发展对行业、职业的影响主要表现在两方面：一是可能使一些行业和职业消失；二是使继续存在的行业内涵（产品和服务的内容、技术内核）发生变化，比如行业的经营和岗位分工的依据以及人员工作要求等发生变化。

2.未来就业机会较多的职业

就业岗位的增加数额应是需要顶替的工作岗位数与新增工作岗位数之和。我国未来就业机会最多的行业是未来需要顶替的岗位（如员工退休）较多的行业和新增工作岗位多的行业。未来就业机会的增加与工作岗位的替代和新增密切相关，下面将探讨未来就业机会较多的职业以及与之相关的因素。

（1）人口老龄化和医疗领域：随着中国人口的老龄化，医疗保健行业的需求将大幅增加。这包括医生、护士、康复治疗师、养老护理员等职业。同时，与医疗技术和远程医疗相关的新职业也将崭露头角。

（2）信息技术和互联网行业：中国的信息技术和互联网行业正在迅速扩展，涵盖了软件开发、网络安全、数据分析等众多领域。这些领域将创造大量新工作岗位，包括程序员、数据分析师、网络工程师等。

（3）新能源和可持续发展：随着对环境可持续性的重视，新能源领域（如太阳能和风能）将继续增长，创造工作机会，包括可再生能源技术专家和可持续发展顾问。

（4）人工智能和自动化：随着自动化和人工智能技术的不断发展，需要专业人员来设计、维护和监控这些系统，包括机器学习工程师、机器人工程师和自动化专家。

（5）环境保护和绿色领域：随着环境问题的凸显，环保领域需要大量专业人才，如环境工程师、生态学家、污水处理工程师等。

（6）金融科技（FinTech）：金融科技领域的快速发展为金融和技术专业人才提供了广泛的就业机会，包括数据分析师、区块链专家、支付技术专家等。

（7）教育行业：随着教育的重要性不断凸显，教育行业将需要更多的教师、教育顾问和在线教育专家。

（8）创意产业：包括电影、媒体、设计、文化艺术等领域的创意产业将创造很多与创意和创新相关的工作岗位。

需要注意的是，不同地区和国家可能存在不同的就业趋势，因此适应当地情况的职业选择至关重要。另外，终身学习和不断提升技能将对未来就业机会的把握至关重要，因为许多行业在技术和市场发展中不断演变。

3. 社会职业发展对高职毕业生择业的影响

由于生产力的高速发展，社会分工的不断细化，因而原有的人才结构类型已很难适应经济的进一步发展。除了原有的学术型、工程型、技能型人才之外，迫切需要从事生产、管理第一线的技术型专门人才，这就增加了高职生的就业机会。

现代职业的更新速度不断加快，这就要求毕业生转变就业观念，以发展的眼光看待问题，正确看待初次就业，寻找那些有潜力、有发展机会的职业，在工作中丰富自己的知识，提高工作能力，做到面对变化的职业市场游刃有余。

未来社会对职业的知识含量和技术含量的要求将不断增加，对大学生的素质要求也越来越高，是否具备获取知识、运用知识和创新知识的能力，是现代社会中每个人在激烈的国内、国际竞争环境中成败的关键。这就要求高等职业院校的学生必须拓宽自己的知识面，提高素质，成为适应时代需求的复合型人才。

随着世界经济全球化和一体化以及国际贸易的发展，国际技术和劳务的转移也迅速发展，从而产生了国际型人才的需求。

现代职业的发展变化无疑会对大学毕业生择业产生巨大影响。因此，对于大学生，不论是在校学习，还是面临求职择业，都要结合本人实际，充分考虑职业发展趋势，这是极为重要的。

（三）环境因素分析

1. 社会环境分析

通过对社会环境的分析，可以使自己了解国家政治和经济的发展趋势，了解所选职业在未来社会环境中的地位，以及这一职业是否符合未来社会发展的趋势。

人脱离不了社会，因此，对社会环境因素进行了解和分析，也是职业生涯规划的重要内容之一。主要包括以下几个方面：

（1）社会政策

了解社会政策的变化对自己的职业生涯规划是否有影响。作为一名大学生，对社会政策不仅要了解，而且能做出快速反应，要具有一定的预见力，及时调整自己，以适应社会政策的变化。

（2）社会变迁

社会变迁会对人的职业生涯发展产生较大的影响，比如知识经济和社会信息化的发展。目前的信息行业、电信行业如日中天，这些行业的发展正是知识经济和社会信息化迅速发展的结果。信息化的不断加快，必然会对各行各业产生更大影响。

（3）社会价值观

社会价值观随着社会不同时期的发展和进步发生不同程度的变化，从而影响人的认识和职业的要求。有些职业可能现在还不被人们所接受，但是未来的发展空间却很大，如果要从事这样的行业，在一段时期内，拥有传统社会价值观的人要承受一定的压力。

（4）科学技术的发展

科学技术的发展带来理论的更新、观念的转变、思维的变革、技能的补充等，而这些都是职业生涯规划中不可或缺的要素。科学技术的发展，有时候直接决定着一个行业的兴衰。认清科技的发展对不同行业可能产生的变化，对大学生的职业选择有很大的帮助。

2. 经济环境分析

经济环境对人的职业生涯发展至关重要。当经济发展非常景气时，百业兴旺，就业渠道、薪资提升或职业发展的机会就会大增；反之，就会使人的职业发展受阻。对经济环境的了解可以通过以下几个方面获得：

（1）经济改革状况。

我国的经济制度已经由计划经济转为社会主义市场经济，国家相关政策的调整会对企业产生直接影响。而且，随着经济改革的进一步深入，任何经济状况的重大变动均可能影响中国整体经济和行业环境。

（2）经济发展速度。

经济发展速度影响着行业的经营状况。目前中国正处于经济快速发展的时期，这为大学生的就业提供了很好的就业环境。但是，我国还存在着地区之间经济发展不均衡的现象，东部沿海地区和中心城市，如北京、上海、深圳、广东、江苏、浙江、山东等省市经济发展速度较快，对人才的需求较旺盛，中西部地区则相对落后。

（3）经济建设状况。

经济建设状况直接影响着人才的需求情况。比如，西部地区的经济建设发展空间很大，尤其在国家西部大开发政策指导之下，西部地区的经济将得到持续发展。大学生可以选择去西部地区，为西部地区经济的发展贡献自己的力量。

第五章　职业生涯设计

第一节　职业生涯设计概述

一、职业生涯设计的含义

所谓职业生涯规划，是指个人根据自身情况以及眼前的机遇和制约因素，为自己确定职业目标、选择职业道路、确定发展计划和教育计划等，并为自己实现职业生涯目标而确定行动方向、行动时间和行动方案。

二、职业生涯设计的原则

在做职业生涯设计时，既要有挑战性，又要避免好高骛远，还要注意适时调整。一般来说，应注意下面的七项原则：

（一）长期性原则

规划一定要从长远考虑，给人生设定一个大方向，并紧紧围绕这个方向做出努力，最终获得成功。

（二）挑战性原则

目标或措施要具有一定的挑战性，完成规划目标要付出一定努力，实现目标后才会有较大的成就感。

（三）清晰性原则

规划要清晰、明确，各阶段的线路划分与安排一定要具体。

（四）可行性原则

规划要根据个人特点、社会发展需要来制订，避免做不着边际的幻想。

（五）适时性原则

规划是预测未来的行动、确定将来的目标，各项主要行动何时实施、何时完成，应有时间和顺序上的安排，以此作为检查行动的依据。

（六）适应性原则

规划未来的职业生涯目标时会涉及多种可变因素，规划应有弹性，增加其适应性。

（七）持续性原则

人生的各个发展阶段应该持续连贯地衔接下来，做规划也应考虑到职业生涯发展的整个历程，做全程的考虑。各具体规划与人生总规划要一致，不能摇摆不定，以免浪费各发展阶段的人力资本积累。

三、职业生涯设计的步骤

一份完整有效的职业生涯规划应包括自我识别与测评定位、职业环境分析、职业生涯目标的确定、实施策略与措施和反馈调整五个步骤。

（一）自我识别与测评定位

自我识别与测评定位是个人职业生涯规划的基础，也是获得可行的规划方案的前提。一个人只有通过自我识别和测评定位，正确深刻地认识和了解自己，才能对未来的职业生涯做出最佳抉择。如果忽略了自我识别和定位，所做的职业生涯规划很容易中途夭折。

自我识别和测评定位的主要内容是与个人相关的所有因素，包括兴趣、气质、性格、能力、特长、学识水平、思维方式、价值观、情商以及潜能等。简而言之，要弄清我是谁，我想做什么，我能做什么。在自我识别的基础上，更重要的是通过科学测评来准确定位，避免自己一厢情愿。据统计，在选错职业的人当中，有80%的人在事业上是失败者。如何才能选择正确的职业呢？至少应考虑以下几点：性格与职业的匹配；兴趣与职业的匹配；特长与职业的匹配；内外环境与职业相适应。当然，一个人对自己的认识往往是片面的，所以在自我识别和测评定位中还应善于听取他人的意见。

（二）职业环境分析

毫无疑问，职业环境因素对个人职业生涯发展的影响是巨大的。每一个人都处在一定的环境之中，离开了这个环境，便无法生存与成长。作为社会生活中的个体，我们只有顺应职业环境的需要，最大可能地发挥个人的优势，才能实现个人目标。所以，在制订个人的职业生涯规划时，要分析环境条件的特点、环境的发展变化情况、自己与环境的关系、自己在这个环境中的地位、环境对自己提出的要求以及环境对自己有利的条件与不利的条件等。只有对这些环境因素充分了解，才能做到趋利避害，使自己的职业生涯规划具有实际意义。

环境因素主要包括组织环境、政治环境、社会环境、经济环境。

（三）职业生涯目标的确定

确定目标是事业成功的基本前提，没有目标，事业的成功也就无从谈起。俗话说："志不立，天下无可成之事。"目标反映出一个人的理想、胸怀、情趣和价值观，影响一个人成就的大小。我们制订个人职业生涯规划，就是为了实现职业生涯目标，获得自己理想的生活，所以在制订职业生涯规划时，首先要确立职业生涯目标，这是制订职业生涯规划的关键，也是你的职业生涯中最重要的一点。

职业生涯目标是指可预想到的，有一定实现可能的长远目标。通常目标分短期目标、中期目标、长期目标和人生目标。一般我们可以首先根据个人素质与社会大环境条件，确立人生目标和长期目标，然后通过目标分解，把长期目标分成符合现实和组织需要的中期、短期目标。目标的设定是以自己的最佳才能、最优性格特点、最大兴趣、最有利的环境等信息为依据。

（四）实施策略与措施

所谓职业生涯实施的策略与措施，是指为实现职业生涯目标而制订的行动计划。在我们确定职业生涯目标后，就要制订相应的行动方案来实现它们，行动便成了关键的环节，这就如同设计我们攀登目标的阶梯。实施策略与措施要具体可行，容易评估。这里所指的行动，是指落实目标的具体措施，主要包括工作、训练、教育、轮岗等方面的措施。例如，为达成目标，在工作方面，你计划采取什么措施提高你的工作效率；在业务素质方面，你计划学习哪些知识、掌握哪些技能来提高你的业务能力；在潜能开发方面，采取什么措施开发你的潜能等。这些都要有具体的计划与明确的措施，并且这些计划应特别具体，以便于定时检查。

（五）反馈调整

俗话说："计划赶不上变化。"影响职业生涯规划的因素诸多，有的变化因素是可以预测的，而有的变化因素难以预测。现实社会中存在种种不确定因素，在此状况下，要使职业生涯规划行之有效，就须不断地对职业生涯规划进行评估与修订，从而保证自己最终实现人生理想，修订的内容包括职业的重新选择、职业生涯路线的选择、人生目标的调整、实施措施与计划的变更，等等。从这个意义上说，反馈调整就是一个再认识、再发现的过程。

第二节　职业生涯设计的实施与实现

要实施个人职业生涯规划，在大学阶段做好并开始实施职业生涯规划至关重要。未来有很多不确定的因素，是我们难以把握和控制的，但是大学生涯确实是可以把握的。把握了现在，把当前的事情做好了，未来职业发展目标的实现也就水到渠成了。

一、大学阶段：职业生涯探索阶段

从大学校园的一名学生到作为独立的个体加入社会之中，这一人生巨大的变化是每个大学生都必须面对的。埃里克森将这一变化称为"危机"。大学生采取何种方式应付这个不可避免的"危机"，实际上就取决于大学生如何理性地对自己未来的职业进行规划，以及如何一步一步去完成自己的规划。

舒伯（Super）的职业发展理论从人的终生发展角度出发，把整个人生分为成长阶段、探索阶段、建立阶段、维持阶段和衰退阶段。大学时期正处于职业生涯探索阶段，是职业生涯规划的初期，也是职业生涯发展的关键时期。

二、职业生涯阶段规划

在大学生涯，既需要长远的方向性规划，也要有阶段性的具体打算，应针对不同年级的任务和特点有侧重地去规划，目的是为就业或继续求学打好基础。

根据高职学生在不同学习阶段，学习的重点和心理特征的变化，可以把大学时期分为三个阶段，即大一适应期，大二探索拼搏期，大三冲刺期。时期不同、阶段不同，所选的目标也会不同。大一：职业生涯认知和规划；大二：基本能力、素质的培养以及职业定向指导；大三：就业准备和指导。

（一）大一适应期——职业生涯认知和规划

步入高校的大一新生，有了学生与成年人的双重身份，对所有的事情都感到新鲜。新的环境、新的同学、新的学习和生活，无不吸引着他们的眼睛，需要他们去了解和适应。大一学生应对大学的学习生活有一个初步的认识，并合理规划大学生活和自己将来所要从事的工作，认清自己的不足，进而制订学习目标、确立职业目标。

这一阶段的具体任务和目标如下：

1.学业和能力方面

（1）首先要学会料理好自己的生活，心理上完成由少年到青年的转化。

（2）熟悉环境，结交同性和异性朋友，认识老师，建立新的人际关系。

（3）始终保持上进的心态和高考时的拼劲儿，尽快掌握大学的学习方法，变被动学习为主动学习。明确自己应掌握的知识重点，努力学习基础知识，并开发自己的兴趣和技能。

（4）打好英语基础，为英语过级做准备。

（5）积累计算机知识，通过计算机和网络辅助自己的学习。

（6）多参加学校活动，增强与人沟通的能力并挖掘自己的潜力。

（7）如果有转系、获取双学位、留学等计划，要做好资料收集及课程准备，多利用学生手册，了解相关规定。

2.职业生涯方面

（1）初步了解自己，根据自己所选的专业，了解自己未来的大致发展方向。

（2）认识职业生涯规划的重要性，初步了解职业生涯规划的理论内容。

（3）进行职业潜能测评、职业目标的设计等整套的体系学习。

（4）初步了解职业，特别是要了解自己未来想从事的行业或与自己所学专业对口的职业的有关情况。

（5）了解本专业近几年的就业情况，课余时间要多同高年级学生进行交流，咨询就业情况。

（6）对影响职业生涯的个人、社会、组织因素有一个全面正确的认识和了解。

（7）初步制订职业目标和科学、有效的个人职业生涯发展计划。

（二）大二探索拼搏期——基本能力、素质的培养以及职业定向指导

一年级大学生在经过了一年大学生活的磨砺之后，渐渐会回归到现实中来。大学生应该着重夯实和拓宽基础，分析自我优势和局限性，进行自我完善和塑造，进一步探索并确认职业目标。大二学年的职业目标尚处于发展和待调整状态，因此，这一时期的第一目标是培养与提升大学生的通用技能和基本素质：①思想品德素质。要有正确的人生观、世界观和价值观。②科学文化素质。拥有扎实的文化基础才拥有踏上工作岗位的"敲门砖"。大学生在校期间务必要学好专业基础知识，同时拓宽自己的知识面。③身心素质。包括学习能力，分析、解决实际问题的能力，组织协调能力，应变与沟通能力，以及良好的心理素质等。

这一阶段的具体任务和目标如下：

1. 学业和能力方面

（1）通过与师长的交流并结合本专业的职业定位，努力掌握扎实的基础知识以及建立合理的知识结构。增强英语口语能力，增强计算机应用能力，通过英语和计算机的相关等级考试，开始有选择地辅修其他专业的知识充实自己。

（2）在保证学业的同时，坚持参加社团活动，从中培养自己的责任意识、组织能力、主动性与受挫能力、人际交往与协调能力等。

（3）考虑未来是否深造或就业，了解相关的讲座、活动。

（4）尝试兼职、社会实践活动，在课余时间有计划地从事与自己职业目标或专业相关的实践或兼职工作。

2. 职业生涯方面

（1）重视自我认知并做好从事工作前的心理准备。

（2）通过具体的、有针对性的职业心理测评，进一步调整职业生涯规划模式和自己的学习目标，做出对自己、对社会有利的职业决策。

（3）这个阶段如果调整不好，会很容易产生彷徨和迷茫的心态。在大学生活新鲜感过去后，容易对生活突然失去信心。因为目标多而杂、偏而乱。其主要出现的问题是个人原有的梦想和现实的专业、职业的心理压力之间的矛盾。

（4）相信自己的实力和解决困难的能力，必要的时候可以向专业心理老师求教。

（三）大三拼搏期——就业准备和指导

大学三年级时，进入找工作准备阶段。此时，必须确定是否要深造，如果不需要继续深造就应该将目标锁定在工作申请及成功就业上。随着课程的减少和社会接触的范围越来越广泛，大学生要努力通过实践的机会增加自己的社会阅历和经验。从实用角度出发，对求职技巧、面试方法、企业应聘经验、创业思路、团队精神等方面进行培训和学习，以提高技能和实际操作、运用的能力，提高人际交往能力和求职要领的把握能力。

这一阶段的具体任务和目标如下：

（1）先对前两年的准备做一个总结，检验自己已确立的职业目标是否明确，前两年的准备是否已充分。

（2）掌握求职技巧，学习写简历和求职信，预习或模拟面试。

（3）加入校友网，从已经毕业的校友那里了解往年的求职情况。

（4）积极参加招聘活动，在实践中检验自己的积累和准备。

（5）积极利用学校提供的条件，了解就业指导中心提供的用人公司资料信息。

（6）重视校内、校外实习的资源利用，对多种职业、岗位、人文环境有一定的了解和认识，具备实践活动中的多种能力。

（7）感受、体验社会大环境中的酸、甜、苦、辣，对自己的能力、薪资期望、心理承受度等有一个准确的定位。

（8）通过岗前技能培训，进一步认识自我，探讨工作选择和职业发展，为即将从事的工作积极搜集信息和材料，探索所有可能的机会，实现由"校园人"到"社会人"的转变。

第三节　职业生涯设计中常见的问题及对策

一、职业生涯设计中常见的认识误区

（一）职业生涯规划仅仅与毕业生有关，是为找工作做准备

大学生的职业生涯规划教育大多是在毕业前才开始的，以至于很多人认为这种教育是针对毕业生的，职业生涯规划就是帮助毕业生找到适合自己的工作。职业是人生的大课题，建功立业是职业生涯规划的最大追求，但是建功立业并不是单单就找到一份工作而已，建功立业实现的过程本身就是人对自身不断完善发展的过程。可以说，大学生在学习阶段的自我完善的最终目的也是为了建功立业而准备的。所以，职业规划是站在自我实现的高度上来探索职业、规划职业的，并不仅仅是为了找工作准备，也不是功利地为了一时的工作而忽略了自身的发展。

（二）职业生涯规划就是找到赚钱多的好工作

有这种误区的人一是不明白职业生涯规划的作用，二是对好工作的标准有误解。职业生涯规划的出发点首先是适合自己，其次才是薪酬高。找到适合自己的工作才是职业生涯规划所要达到的宗旨，而职业生涯规划外的任务才是找到一个既适合自己，薪酬又高的工作。所以说，职业生涯规划的首要任务是找到适合的工作，除此之外才是追求高薪水。

（三）规划没有变化快，觉得职业生涯规划没有意义

在规划职业及规划职业生涯时，大学生往往认为变化太快，还是不要规划了，否则还要再去变通，还是稳稳当当走一步算一步比较好。有这种观念人关键是没有认识

到规划和变化的关系。实际上，职业规划是考虑了自我、环境、学业、理想等影响职业生涯发展的各种因素后，结合自身理想、价值、追求而确定的路径安排，并且融合了职业判断、职业创新、自我管理等步骤在内的整体系统分析方案。从中可以看到，变化本身就是在规划中要考虑的因素和步骤。所以说，变化是逃不过规划的，除非没有考虑变化就去规划，而没有考虑变化的规划是不能够叫规划的，最多可以称为计划。规划出了问题不一定是规划本身的问题，很可能是制订者本身的问题。如果说规划总是不能赶上各种变化，那只能说明规划是失败的，是有缺陷的，但不能由此得出规划不如变化快。

（四）职业生涯规划与大学学业不相关

讨论职业生涯规划和大学学业的关系，其实这里的一个前提是要考虑大学生个人对大学的定义及个人价值观的问题。一些大学生认为，大学阶段尤其大一、大二是放松、考证的时间，大三才面临实习找工作的问题。毕业找到好工作的同学并不只是在毕业前才准备的，找不到好工作的同学也不是毕业时才开始沉沦的。无论毕业时结果怎样，那都是对大学生涯的总结和印证。所以说，大学学业的安排直接关系到毕业后找工作的情况，而且会在很大程度上影响职业生涯规划以及职业前程上的作为。

二、职业生涯设计的对策

（一）学校要从多方面解决在大学生职业生涯规划教育中存在的问题

各高校首先要认识到职业生涯规划教育对大学生的意义和重要性，它不是简单的职业定位或就业指导，而是一个定向、定点、定位、定心、自检再定向、定点、定位、定心的周而复始的过程。在教育安排上，要把职业生涯规划课程贯穿大学三年：大一，帮助学生树立正确的职业生涯规划意识和初步的职业理想；大二是大学生职业生涯调整与发展阶段，开设与职业生涯规划相关的课程；大三是职业的准备阶段，学校通过测评、咨询、讲座和实习等形式帮助学生对自己的职业生涯规划有更清楚的认识和科学的职业选择。学校要开发适合本校教育特点和学生特色的测评工具，还要通过专职、兼职、聘用等多种形式相结合，建立以专职老师为骨干的稳定性强、素质较高的职业生涯规划指导教师队伍，在不断学习中加强专业水平。

（二）大学生在职业生涯规划学习中要明确努力的方向

1. 打好基础，适应大学生活

成为一名大学生，意味着一段新生活的开始。每个人都想在新的环境中如鱼得水，成绩斐然，让大学成为人生中绚丽的一页，为今后的职业生涯做好铺垫，增添价值。因此要达到自己心目中的理想状态，当然需要进行规划，然后付诸努力去实现它。作为大学新生，要积极了解和适应大学环境、调整日常的饮食起居情况、了解所学专业信息、养成好的学习习惯、建立和谐的人际关系。在此基础上，对自己的职业目标进行思考，开始初步规划自己的职业生涯。大学生要通过适应生活环境完成个人基本状态的调整，形成有序的个人发展内在环境，这样才能保障职业生涯规划积极性的调动；要通过开始认识自己所学的专业，激发自己对发展方向的思考，促进职业生涯规划意识的形成；要在养成新的学习习惯的同时，进入更加社会化的学习环境。这些体验都会为职业生涯规划的初步实施打下基础。

2. 拓宽视野，培养职业素质

职业素质是职业发展的基础，培养职业素质首先要了解自己的素质结构。为更好地做到这一点，就要立足学业、拓宽视野，在全面提高综合素质的同时不断认识自我、发展自我、调整自我。大学生要深入学习各种知识，包括政治、文化、专业等方面，提高自己的道德情操、专业素质和个人修养；要通过参加文体活动、参与集体活动、加入学生社团、开展社会实践活动等途径充分发展自己的兴趣和特长；要在集体中成长，在老师和同学的帮助下更加客观地认识自己，发现自己的优势和劣势。大学期间有很多资源和途径可以用于职业素质的养成和发展，大学生只有主动地挖掘这些资源、利用这些途径，才会更好地扬长避短、不断进步。

3. 参与实践，接触社会职场

自我的发现和发展如果不能与社会职场的认识相结合，就不可能"人职匹配"地制订和实施职业生涯规划。因此，大学生在综合素质全面发展的同时，要积极参与校内各种实践项目，参加社会实践，主动接触社会，通过观察对社会获得一些初步了解；要进入一些单位开展实习锻炼，通过体验认识职业对素质的要求。在这样的基础上对自己再次分析，对目标深入考虑，科学地设计职业生涯规划，从而有效地进行就业准备。

4. 直面挫折，调整职业生涯规划

在职业生涯规划的设计和实施中，不可避免地会遇到困难和挫折。这时，不要消极地抱怨或畏缩，要看到困难和挫折的积极一面：如果感到没有头绪，这是不是提醒你需要对初步的职业生涯规划做一些调整？是不是这个设计目标在这个阶段实施条件不够成熟，需要向后顺延？通过挫折，是不是暴露出规划人本身的问题？对这些问题的积极思考，实际上就是职业生涯规划过程的成熟和完善，客观冷静地对待困难和挫

折，在完成职业生涯规划调整的同时，大学生自身也将获得进一步的发展。

第四节 职业生涯规划书的撰写

一、职业生涯规划书——五步法（5W 法）

对于许多大学毕业生来说，职业生涯规划也许是一个比较模糊的概念，但只要你对自己有一个基本认识，同时掌握一定的方法，你也能对自己进行职业生涯规划，为自己的职业生涯发展画一个蓝图。许多职业咨询机构和心理学家进行职业咨询和职业规划时常常采用五步法模式，即关于 5 个 "W" 的归零思考的模式：从问自己是谁开始，然后顺着一路问下去，共有 5 个问题：

（1）Who are you ?

（2）What do you want ?

（3）What can you do ?

（4）What can support you ?

（5）What can you be in the end ?

回答了这 5 个问题，找到它们的最高共同点，你就有了自己的职业生涯规划。

第一个问题："你是谁？"

应该对自己进行一次深刻的反思，有一个比较清醒的认识，优点和缺点都应该一一列出来。在这一问题中主要是找出你的人生坐标、你的核心竞争力，拿自己的长处和别人竞争。

第二个问题："你想干什么？"

对自己职业发展的一个心理趋向的检查。每个人在不同阶段的兴趣和目标并不完全一致，有时甚至是完全对立的。但随着年龄和经历的增长，人会逐渐固定，并最终锁定自己的终生理想，在这一问题中找出自己的职业理想。"在跳下水之前，你必须先看见对岸。"

第三个问题："你能干什么？"

这是对自己能力与潜力的全面总结。一个人职业的定位最根本的还要归结于他的能力，而他职业发展空间的大小则取决于自己的潜力。对于一个人潜力的了解应该从几个方面着手去认识，如对事的兴趣、做事的韧力、临事的判断力以及知识结构是否全面、是否及时更新等。

第四个问题："环境支持或允许你干什么？"

这种环境支持在客观方面包括本地的各种发展状态，比如经济发展、人事政策、企业制度、职业空间等；人为主观方面包括同事关系、领导态度、亲戚关系等，两方面的因素应该综合起来看。有时我们在做职业选择时常常忽视主观方面的东西，没有将一切有利于自己发展的因素调动起来，影响了自己的职业切入点。通过同事、熟人的引荐找到工作也是正常的。当然我们应该知道这和一些不正常的"走后门"等歪门邪道有着本质的区别。这种区别就是，这里的环境支持，它是建立在自己的能力之上的。

第五个问题："你最终的职业目标是什么？"

明晰了前面 4 个问题，就会从各个问题中找到对实现有关职业目标有利和不利的条件，列出不利条件最少的、自己想做而且又能够做的职业目标，那么自然就有了一个清楚明了的框架。

【案例一】林小丽的职业生涯规划书

某高校女生林小丽，23 岁，计算机信息管理专业，在临近毕业时常常对自己的职业动向难以选择。就现在来说，计算机专业属于热门，找一份差不多的工作并不难，但由于自己是女生，在就业时肯定又不如同班的男生，同时自己对教师职业比较喜欢。在这些矛盾的情况下，使用自我规划五步法来做一次职业生涯规划。

Who are you？

某重点高校计算机信息管理专业毕业生；优秀学生干部，学业成绩优秀，英语通过大学英语六级，辅修过心理学、管理学，参加过高校演讲比赛，拿过名次；家庭状况一般，既不属于富裕，同时生活也不拮据，父母工作稳定、身体健康，暂时还不需要有人特别照顾；性格上不属内向，但也不是特别活跃，喜欢安静。

What do you want？

很想成为一名老师，这不仅是儿时的梦想，而且是自己比较喜欢的职业；其次可以成为公司的一名技术人员；如果出国读管理学方面的硕士，那么回国成为一名企业管理人员也是可以接受的。

What can you do？

做过家教，虽然不是自己的专业，但与孩子交流有天生的优势，当学生成绩进步时很有成就感；当过学生干部，与手下人相处比较好，组织过几次有影响的大型活动；实习时在公司做过一些开发，虽然没有大的成就，但感觉还行。

What can support you？

家里亲戚推荐去一家公司做技术开发；GRE 考得还可以，已经申请了国外几所高校，但能不能有奖学金还很难说，况且现在签证比较困难；去年曾有几家学校来系里招聘，但去了以后不是当老师，而是要去做技术维护，今年不知会不会有学校再来招聘教师；有同学开了一家公司，希望自己能够加盟，但自己不了解这个公司的具体业务，也不知道它有多大的发展前途。

What can you be in the end？

最后的选择可能有 4 种，分别如下：

（1）到一所学校当老师，自己有这方面的兴趣和理想，在知识和能力方面并不欠缺。在素质教育大趋势下，与师范类专业相比，自己有专业方面的优势，讲授知识时可以让学生了解更多的前沿知识，特别是现在计算机在中学生中有了相当的普及和基础，并且自己有信心成为学生心目中理想的好老师。不足的就是缺乏作为一名教师的基本训练以及一些技巧，但这可以逐步提高。

（2）到公司做技术人员，收入上会好一些，但通过这几年的发展看，这种行业起伏较大，同时由于技术发展较快，得随时对自己进行知识更新，压力较大，信心不足，兴趣不是很大。

（3）到同学的公司去会丢掉专业，只能从最底层做起，风险较大，这与自己求稳的性格不符，同时家庭也会有阻力。

（4）如愿获得奖学金，能够出国读书，那么回国后还是做一名企业管理人员。不确定因素较多，且自己可把握性较小，自己始终处于被动状态。

【点评】用五步法写职业生涯规划书简单易行

就林小丽个人而言，第一种选择显然更符合她本人的职业取向。从心理学上看，选择第一种能够使得她得到最大的满足，在工作中也最容易投入，做出一定的成绩后会有很大的成就感。从职业前途看，教师这个职业也日益受到社会的尊重，社会地位呈上升趋势。从性格上看，这种职业也比较符合她的职业取向。主要困难是非师范生进入这个职业的门槛比较高，如果她能够确定自己的最终目标后努力去弥补与师范生在职业技巧方面的差距，那么她实现自己的职业理想将为时不远。这份用五步法完成的职业生涯规划书，应该会对许多和她一样的同学有所启发。

二、职业生涯规划书——三段式分析法

三段式分析法的模式包括自我分析、目标确定、实施策略。其中自我分析是对自己的优势、劣势进行分析，以认识自己；目标确定是根据自己的条件确定职业目标；实施策略是制订为达成职业目标的行动措施。

【案例二】王锋的职业生涯规划书

王锋是一名体育专业的大学生，他对未来充满自信，他给自己做了一份职业生涯

规划书。

（一）自我分析

1.优势分析

通过在线"职业规划测评"，我初步了解了自己。我爱好体育运动，喜欢唱歌、绘画，善于同别人沟通，属于比较活泼型的人。我小时候对体育、音乐、美术都十分感兴趣，并接受过专门的基础训练。

我有扎实的专业知识和运动技能。我的运动技术专项是篮球，已获得国家二级运动员证书。我已用4年时间钻研体育理论，认真参加教学实习，提高了自身的知识水平和教学实践能力，善于与学生交流，具备做教师的基本素质。

2.劣势分析

英语的听、读、写、译的能力较差，难以适应教师这一职业对外语的要求；写作、科研能力较为欠缺；不善于在会议上或公众面前发言，演讲能力欠缺，这对教学是不利的。

（二）目标确定

我的职业发展目标：在大学或中学当一名体育教师。

（三）实施策略

（1）每天确保学习英语2个小时，记忆10个英语单词、两个句型，练习听力和口语。争取在毕业年上学期通过英语四级考试。

（2）学好大学语文课程，努力提高写作能力，坚持每节课记课堂笔记和每个学期写一篇学习心得，并请教师指导。

（3）为了提高和锻炼自己的口才，抓住班会、集会、演讲会、课堂发言等机会积极主动发言，并请要好的同学点评。只要自己有信心，只要坚持锻炼，不利于做教师的劣势一定能消除。

（4）在大二下学期，获得普通话二级乙等合格证书。

（5）在毕业年上学期，努力获得篮球一级运动技术等级证书，获得教师资格证书。

毕业后，无论是当中学教师或大学教师，提高学历是必需的。所以，争取毕业后用两年左右的时间考取体育运动训练学的硕士研究生，以适应教师的岗位要求。

【点评】用三段式分析法写职业生涯规划书言简意赅

三段式分析法简练、明了，适合于比较理性的人。初学者可以多多练习。

三、职业生涯规划书——阐述法

阐述法是通过分析自己的条件、对职业的认识、对自己职业目标的定位，说明自己的职业生涯规划及依据。这种以"记叙"方式所做的职业生涯规划，是规划者的内心思考与分析，有较强的可信度，但应该注意层次结构要清晰。

【案例三】我想成为一名财务总监（略写）

宁静的夜晚，一个人徜徉在校园的林荫小道。一种安静祥和的感觉顿时渗透了我的心。

我出生在 20 世纪 80 年代后期，正好赶上大学扩招，因此常熟理工的大学校园里便多了一个今天在香樟树下漫步的我。21 世纪的大学生应该具备全面的综合素质、完整的道德人格以及精湛的专业技能。刚刚踏上大二征途的我，说到综合素质那是差强人意，说到道德人格更是不知道什么叫作完美，而涉及专业技能，却是"熟读唐诗，愚人会吟"。

……

我主修会计。随着学习的深入、知识的渐长，我的眼界自然开阔了许多。会计主管、总会计师、注册会计师等字眼突然出现在我的脑海中。我朦胧的觉得学会计不一定要做会计，通过个人的努力做那种普通的会计都能实现。"人往高处走，水往低处流"，或许狭隘一点来说，通过做高级会计改善自己的生活也未尝不可，当然你要敢想敢做。

……

说到对自己的了解，我自己都不敢恭维。名人说过："一个成功的人一定是一个了解自己的人，同样，一个真正了解自己的人也会是一个成功的人。"外向开朗的性格、嚣张的言语是我的标志；喜欢在集体中生活、帮助他人是我的必修课；当然我更喜欢打篮球、乒乓球；我还喜欢聊天、聊人情世故、社会百态；闲暇时我会看看书，写写东西。书看得多了，对自己的人生观、价值观有了自己独特的见解：人生就像一首歌，高潮时千万别一个人唱；低潮时一定要跟别人一起唱。我的性格决定了我的优势：开朗外向，人际关系不错……

……

学会计是我的初衷，学好经济管理知识，通过专业技术路线走行政经济管理之路。我的梦想是做一名财务总监，因为这一职务主管会计事务。在我的了解中，财务总监有很大的权力，能支配很多东西。财务总监职责包含了会计长（Controller 或 Comptroller，两个单词的意义及发音皆同）与财务长（Treasurer）两种职务功能。国际上通常把企业财务部门"一把手"称为财务总监。财务总监要全面管理和领导企业财务工作，为企业赢利提供理性的决策依据，对企业的财务工作承担主要责任。财务总监作为财务领域的高层人才，必须擅长 11 项管理能力，即财务组织建设能力、企业内控建设能力、筹措资金能力、投资分析决策和管理能力、税务筹划能力、财务预算能力、成本费用控制能力、分析能力、财务外事能力、财务预警能力和社会资源能力。

……

为了实现当财务总监的目标，我为自己设计了十年一个台阶的职业发展道路。

……

以上是我的一个短期的规划。在我以后的生活中我不会像从前一样稚嫩，路还很长，我需要实实在在地学习专业知识，完成学习任务。在学习中逐渐变得成熟、稳重，最后获得成功。

我的目标是财务总监，我想我会一直以它为我工作的驱动力，每天用它来提醒我，让我不断进步。也许我的路会不好走，可是我一定会坚持到底的。

不是有人说过吗？就算没有实现目标，只要你以坚韧的毅力坚持下去了，一样都是成功的。我相信自己在奔向财务总监的道路上，不会走太多的岔路，迷惑人的岔路很多，因为我心中的路只有一条，那就是财务总监。所以我不会迷茫。

【点评】我为自己的职业生涯而书写

阐述法又称记叙法，它与我们平时的"写文章"结构一致，易于写作。只要能清晰表达自己的职业生涯规划，做到有条理、层次分明即可。

第六章　就业形势与政策

案例:

郑宗旺的创业之路

郑宗旺是江西应用技术职业学院 2010 级商务英语班学生,在校期间其担任班长一职。由于中学时英语一直不好,因此大学期间,他学得很吃力,好几次向班主任提出退学。但他每次都在班主任的开导下放弃退学的想法,继续学习,并在老师的悉心教导下,学习如何协助老师管理班集体和处理同学间的关系,受益匪浅。

经过三年的学习,他终于等到了 2013 年毕业的那一刻。满怀着对未来的美好憧憬和改变家庭贫穷、走出大山的愿望,郑宗旺参加了校园招聘会,并成功应聘到了北京一家旅游公司。通过这家公司,郑宗旺第一次接触到电话销售。但由于英语口语不好,并且没有任何销售经验,郑宗旺一次又一次地被客户拒绝、泼冷水,使其真真切切地感受到了社会的残酷,因此他感到很无助。由于不适应北京的天气,再加上每月 2 000 元的工资无法满足基本的生活所需,郑宗旺选择离开北京,转而去了杭州。初次来到杭州,人生地不熟,再加上缺乏工作经验,英语又不好,使其面试时自信心不足,吞吞吐吐,结果可想而知,郑宗旺一次又一次地被公司拒绝。后来听同学们说深圳很容易找工作,郑宗旺便来到了深圳。在多次面试被拒绝后,他开始不断地自我反省和总结,慢慢地,郑宗旺在面试中就不再紧张和结巴,终于找到了一份待遇不错的销售工作。这是一家卖手机外壳的公司,老板是潮汕人,在华强北商城有档口。老板虽然才 30 多岁,却有着很励志的经历。老板 11 岁小学毕业来到深圳,送快递,摆地摊,开夜宵店,一步一个脚印才有了现在的公司。老板的经历深深打动了郑宗旺。后来,郑宗旺陆续换了多份工作,每份工作都让他学习到了很多业务知识和经验。在业务方面,由于郑宗旺能在第一时间捕捉到客户的需求和担心的问题,因此其业绩一直很好。通过多次在阿里巴巴的学习和在各种场合中的工作交流,郑宗旺的业务知识越来越扎实,业绩也越做越好。慢慢地,郑宗旺爱上了销售工作。

销售其实是一个饱受挫折和失败的过程,郑宗旺就是在一次次的失败中反复推敲并吸取经验,从而达到资源整合的。几年的磨砺,让郑宗旺逐渐成熟,经过慎重的考虑,他决定自己创业。郑宗旺于 2015 年 7 月 17 日创建了深圳守卫者国际贸易有限公司。该公司是一家跨境电子商务类型的公司，主要销售 3C 电子配件类产品，以亚马逊美国站（类似于中国的淘宝，美国人网购的主要平台）、加拿大站为主要销售平台，还在 eBay 全球站点、阿里巴巴旗下的全球速卖通等 B2C 外贸平台上经营，另外在亚马逊英国站、德国站、法国站、意大利站等国家站点上设立的销售平台也在陆续建设中。2015 年 10 月，其公司注册的美国专利商标 IIYBC 已经获得美国专利商标局的批准。

第一节　大学生的就业形势分析

一、大学生就业环境

（一）大学毕业生就业人数增长明显

我国劳动力总量较大，大学生就业市场形势供大于求。根据教育部统计，我国高校毕业生数量逐年增长，就业市场竞争也逐渐激烈。

随着全国大学毕业生数量的大幅增长，大学毕业生的就业形势不容乐观。而事实上除了应届的大学毕业生，就业市场的求职者还包括了近几年来由于市场饱和还找不到合适工作的往届毕业生。

（二）整体就业率持续缓慢下降，深造比例上升

根据《2019 年中国大学生就业报告》中显示，2018 届大学生毕业半年后的就业率为 91.5%，其中本科院校毕业生就业率为 91.0%。高职高专院校毕业生就业率为 92.0%，从近三届的趋势来看，大学毕业生半年后就业率呈现缓慢下降趋势。

（三）毕业生就业观念和途径变化较大

高校毕业生自主择业意识不断增强，大部分高校毕业生在正式毕业前已对职业生涯进行提前规划，主动出击找寻就业机会，通过多种途径全面提升自身素质和实力，广泛联系用人单位，积极推销自己。毕业生在择业的过程中，收入情况和单位性质不再是单一参考标准，更侧重于考察用人单位的平台前景、工作环境和晋升空间。毕业生也更加关注"人职匹配度"的实现，择业途径越来越多样化。

（四）各级政府给予就业优惠政策较多

近年来，国家给予高校毕业生的就业优惠政策不断增加，国家部委，各省、自治

区、直辖市人社部门等陆续出台关于扶持大学生就业的政策。比如，帮忙解决社会保障、档案户口、人员编制、住房优惠和创业补贴等各类实际问题的基础性政策。此外还有一些引导性的政策，比如鼓励高校应届毕业生参加"三支一扶"、特岗教师计划、大学生村官和大学生志愿服务西部计划等项目，鼓励引导大学生积极参军入伍等。地方主管大学生就业部门和高校就业指导部门也努力为高校毕业生创造更多便利条件，以促进大学生顺利就业。

二、大学生就业现状

（一）经济结构变化导致结构性失业增加

由于我国高校连续扩招，近十年中国毕业生的数量呈现出不断增长的趋势，使得大学生就业形势较为严峻。近两年的经济增长正在放缓，国际经济持续低迷、复苏劲头不足，加上经济结构调整和外部经济的冲击，部分行业的就业需求下降，许多公司减少招聘岗位并提高对大学生求职者的要求，造成大学生就业难。人工智能、互联网、大数据等先进技术必然取代一些传统行业的从业人员，转变为运用科技手段进行处理，这些新技术的应用大大降低了对一般劳动力的需求，造成部分大学生甚至社会群体的失业。

（二）高校就业信息不对称问题

当前，各高校主要通过举办校园招聘会等方式对毕业生开展就业服务，但依然改变不了就业信息渠道窄、服务效率低的问题。在传统招聘模式下，由于高校间的就业竞争，很难实现高校间的信息共享。而且校园招聘会举办形式较为单一，虽然较多高校已完善自己的求职网站，为毕业生和用人单位搭建了交流平台，但全国性的高校就业网站建设仍不成熟，就业信息不对称。

（三）用人单位要求过高，设置障碍较多

随着高校毕业生数量的增加，用人单位可选择的余地越来越大，在各种招聘简章中，用人单位的条件设置也越来越凸出社会工作经验。很多企业要求应聘者需有同类工作2~3年的工作经验，对于缺乏工作经验的毕业生来说，根本无法实现，有些岗位直接表明不接收应届毕业生。除了工作经验的要求外，性别、身高、学历和相貌等设限条件也是影响高校毕业生成功就业的因素，各种严苛条件也成为了毕业生巨大的生理和心理障碍。

（四）毕业生职业需求缺乏科学性

高校毕业生人数每年不断增加，毕业生期望与用人单位提供的岗位情况存在落差，就业市场出现供求不平衡问题。部分高校毕业生对自身抱有过高的职业期望，盲目追求与自身条件不符的工作，在错误的就业观念的引导下，错失了适合的就业机会。也有部分高校毕业生过于执着专业与职业的对口，或者选择完全陌生的职业领域，缺乏实际动手能力，不注重培养沟通能力、领导能力和组织协调能力，容易在择业过程中遭遇挫折，因此，使求职的自信心受到打击。

（五）就业形式多样化，自主创业比例加大

现今，追求"铁饭碗"和"一岗定终身"的思想，不再被当代大学毕业生认同。越来越多的高校毕业生为提升自身综合素质，学好专业知识和技能的同时，利用课外兼职和勤工俭学等机会积累经验，结合自己的就业目标，响应国家号召，参与基层就业，或者选择自主创业。就业市场的多样化让高校毕业生能够打破传统的就业模式，结合自身兴趣爱好和专业特点，实现灵活就业。近年来各高校正积极营造创新创业的校园氛围，引导学生发挥主观能动性，鼓励学生参与创造实践，政府部门对自主创业的高校毕业生予以较多优惠政策帮扶，高校毕业生自主创业的比例逐年增多。

第二节　就业政策解说

就业政策是国家在一定的历史条件和阶段下，为促进经济发展和社会进步，创造劳动者就业条件，扩大就业机会所制定的行为准则，它包括就业指导思想、管理体制、指导原则、就业范围和渠道及相关的具体规定等。

只有全面了解国家就业政策，增强自主择业意识，主动地面向社会主义经济人才需求的市场，按照供需见面、双向选择和市场竞争的原则，才能顺利就业。

现行的大学生就业制度由毕业生就业的有关方针政策、就业管理体制和服务保障体系等内容构成。

一、就业方针政策

我国现行大学毕业生就业的方针政策是"贯彻统筹安排、合理使用、加强重点、兼顾一般和面向基层，充实生产、科研、教学第一线，在保证国家需要的前提下，贯彻学以致用、人尽其才的原则""实行国家宏观调控，学校和各级政府推荐，学生和

用人单位双向选择的就业模式"。人社部等部门针对当前大学毕业生的就业现状，还制定了一些促进大学生就业的具体政策。

（一）劳动、人事政策

人社部等部门制定的促进大学生就业的政策主要包括以下几个方面：

（1）组织人事部门会同编制部门，为西部地区和艰苦边远地区的乡镇下达一部分周转编制，用于接收应届和往届高校毕业生。

（2）各地要落实企业用人自主权，鼓励各类企业根据实际需要招聘高校毕业生。到中小企业和非公有制单位就业的高校毕业生，在专业技术职称评定方面与国企员工享有同等待遇。

（3）加快建立并完善技术技能岗位准入制度，扩大高校毕业生的就业空间。根据规定，各级党政机关特别是地（市）、县、乡级机关录用公务员，要严格坚持"凡进必考"制度。国有企事业单位新增管理和技术人员，应主要面向毕业生公开招聘，择优录取。

（4）政府设立的公共就业服务机构、人才交流服务机构和高校毕业生就业指导服务机构，对高校毕业生免费提供职业介绍服务。

（5）离校后未就业的高校毕业生可到各类人才和职业中介机构登记求职。有就业愿望但在一定时间内仍未就业者，可到入学前户籍所在地或常住地办理失业登记。各地方公共就业服务机构等免费为其提供就业服务，组织其参加职业培训或就业见习。

（6）各地方公共就业服务机构等免费对每个登记失业的毕业生提供政策咨询和职业指导；对失业时间较长或家庭生活困难的毕业生，要重点帮助，帮助其尽快就业。

（7）人力资源和社会保障部等部门的相关文件指出，要逐步建立和完善高校毕业生就业见习制度。各地在考查用人单位工作岗位、工作环境的基础上，将条件合格并有积极性的企事业单位确定为见习单位。

（二）户口政策

针对大学生实施的户口政策也是一种便民政策，包括以下几个方面：

（1）对用人单位跨地区聘用的高校毕业生，省会城市、副省级市、地级市应取消户口限制，简化有关手续。

（2）国家鼓励各类中小企业和非公单位聘用高校毕业生，公安部要放宽建立集体户口的审批条件。

（3）取消对高校毕业生收取的城市增容费、出省费、出系统费。

（4）应届毕业生凭用人单位与毕业生签订的就业协议书和毕业生所持的普通高校毕业证书，由公安部门为其办理落户手续。非应届生凭用人单位录用手续、劳动合同和普通高校毕业证书办理落户手续。

二、就业管理制度

目前，我国的大学生就业管理制度主要包括人事代理制度和劳动合同制度。

（一）人事代理制度

人事代理制度，就是政府人事部门所授权的人才交流服务机构接受各类用人单位或个人的委托，代为管理与办理人事关系和人事业务，提供人事人才社会化服务。人事代理制度是社会主义市场经济条件下人事管理制度的创新。对毕业生而言，实行人事代理制度有利于保障毕业生的合法权益，解决毕业生的后顾之忧；有利于各类毕业生合理流动，实现社会价值。

人事代理服务为毕业生提供的主要服务内容包括：为毕业生管理人事档案；专业技术职务任职资格（工人技术等级）的认定、考核和晋升的申报；办理大中专毕业生见习期满后的转正定级手续；按照有关规定为存档人员出具有关证明材料，比如，报考研究生、婚姻登记、办理独生子女手续、留学、出国等材料；为毕业生转接党团组织关系，建立流动人员党团组织，开展党团组织活动；为毕业生代办失业、养老等社会保险业务。

（二）劳动合同制度

劳动合同是劳动者与用人单位为建立劳动关系而达成的协议，也称劳动契约。劳动合同制度是一项重要的劳动法律制度，它包括有关劳动合同的订立、履行、变更、解除和终止，违反劳动合同的责任，劳动合同纠纷的调解和仲裁，劳动合同的管理等。

我国于 1980 年开始在中外合资经营企业中实行劳动合同制；1982 年 2 月，原劳动人事部发出了《积极推行劳动合同制的通知》，在全国试行劳动合同制；1994 年，国家颁布了《中华人民共和国劳动法》（1995 年 1 月 1 日开始实施，后根据 2009 年 8 月 27 日第十一届全国人民代表大会常务委员会第十次会议通过的《全国人民代表大会常务委员会关于修改部分法律的决定》进行修正，以下简称《劳动法》），从而确立了劳动合同制的法律地位，为全员（包括非国有企业及个体经济组织中的劳动者等）实行劳动合同制提供了基本的法律依据；我国在 2012 年将《中华人民共和国劳动合同法》（以下简称《劳动合同法》）进行了修正，并于 2013 年 7 月 1 日起施行。

需要注意的是，新《劳动合同法》改变了《劳动法》以劳动合同为劳动关系建立标志的做法，规定用人单位自用工之日起即与劳动者建立劳动关系。但是，毕业生仍然要重视劳动合同的签订工作，因为书面劳动合同是一份有力的合同证据，它能在劳动关系发生争议时提供原始的事实材料，也是劳动者维权的直接依据。毕业生应该注意签订书面合同的时间以及合同到期后续订的时间，维护自己的权利。

三、就业服务保障体系

（一）毕业生就业指导与服务体系

就业指导与服务体系的宗旨是为大学生就业提供全方位、高质量、方便快捷的指导和服务，其功能有信息服务、就业咨询服务、职业指导服务、职业介绍服务、职业培训服务、社会保障服务等。

（二）劳动关系调整体系

劳动关系调整工作是劳动就业保障工作的重要组成部分。做好劳动关系调整工作不仅是在用工行为和就业行为市场化之后协调用人单位和劳动者劳动关系的需要，更是当前深化企业改革和维护社会稳定的需要。劳动关系调整就是对供需双方在生产和工作中的义务与权利、合作与冲突等相互交织的各种关系（如劳动报酬、劳动保护等）予以调整。劳动关系调整体系一般由政府、用人单位及员工组成。

（三）社会保障体系

社会保障体系是指社会保障各有机部分组成的相互联系、相辅相成的总体。完善的社会保障体系是社会主义市场经济体制的重要支柱，关系改革、发展、稳定的大局。我国的社会保障体系包括社会保险、社会救助、社会福利、优抚安置和社会互助、个人储蓄积累保障等。社会保障体系是社会的"安全网"，它对社会稳定、社会发展有着重要的意义。

（四）法律法规体系

通过制定相关法律、法规、制度等，建立健全监督机制和服务保障机制，规范就业市场主体的行为，保护大学生和用人单位的权益，使大学生可以在更加公平、公正、公开的环境下择业。

第三节　就业工作的规定和程序

高校毕业生就业工作是多层次人力资源配置中最初始也是最重要的一个环节。这一环节工作的好坏直接关系着国家和个人各方面事业的发展。随着我国社会主义市场经济体制的逐步建立和劳动人事制度的改革深入，高校毕业生就业制度已经发生了深刻的变化。了解我国毕业生就业制度的变革、毕业生就业工作的管理体制及毕业生就业工作的基本程序，对毕业生走向社会、选择理想职业是十分重要的。

一、就业制度及其改革

（一）计划经济体制下"统包统分"的就业制度

从中华人民共和国成立初期到 20 世纪 80 年代，高校毕业生就业一直由国家负责，按计划统一分配，即实行"统包统分"的制度。中华人民共和国成立初期，在计划经济模式下，经济建设的任务被当作政治任务来完成。作为经济建设的新生力量——大学毕业生，则被作为"新鲜血液"，由国家集中调配，就业于国家最需要发展的工业领域及其他行业。因此，在中华人民共和国成立初期及以后的几十年中，大学毕业生基本上是由国家统一分配的，由国家实行有计划的统筹安排。从招生到就业，无不打上了计划经济的历史烙印。人们通常把这种计划经济体制下的高校毕业生就业政策称为"统包统分"就业制度。

这种就业制度的特点是：由国家分配工作，负责到底，执行的是"统筹安排、集中使用、保证重点、照顾一般"的大政方针。应该说高校毕业生由国家负责按计划分配的制度，是伴随着我国长期实行的计划经济体制而产生和完善的，这种分配制度与我国当时的计划经济体制相适应，体现了社会主义制度的优越性，在一定的历史时期发挥了重要的作用。

1.＂统包统分＂就业制度的优点

（1）在供需矛盾突出、人才紧缺的情况下，可以保证国家重点建设单位，以及边远地区、艰苦地区对人才的需要。

（2）分配方法比较简单，分配速度较快，无论是对学校、毕业生，还是对用人单位都很简便，没有复杂的中间环节，有利于学生在校安心读书，毕业生在最后一年可以安心学习和参加毕业设计。

（3）大学生毕业后及时就业有利于社会安定。

2.＂统包统分＂就业制度的缺点

由于"统包统分"的就业制度"统得过死、包得过多"，随着我国经济体制的逐步确立及劳动人事制度的改革，这种就业制度越来越与新的经济运行机制不相协调，越来越不适应形势的发展，由此引发的矛盾也凸显出来。其主要表现在以下几个方面：

（1）人力资源难以合理配置。高校所设置的专业有上千种之多，而且办学条件不同，同一专业校际的差异很大；同时，毕业生的兴趣及志愿与用人单位对毕业生的要求也不相同。对于如此繁杂的情况，用一些简单的数字计划包揽起来是很难做到科学合理。就业的决策权集中于政府，毕业生和用人单位作为劳动力供求双方的主体却无权决策。供需双方全凭组织安排，互不见面，互不了解，极大地限制了个人意愿的实现，束缚了企业的用人机制，难以做到人才的合理配置。

（2）缺乏竞争机制。计划分配影响了用人单位、学校和学生三方面积极性的发挥。学生进了大学门，就进了当干部的"保险箱"，端上了"铁饭碗"，减弱了竞争意识和观念；高校只管培养不问"销路"，自我封闭、墨守成规，缺乏主动适应经济建设和社会发展的动力与活力；用人单位全凭"等、靠、要"，养成了依赖性，失去了主动性，以致供需脱节、所学无用，造成了人才浪费。

（3）与我国经济体制、政治体制改革不相适应。改革开放后，国内的经济结构发生了重大变化，非国有制企业如雨后春笋般应运而生，这些企业急需大学毕业生去就业、创业。而由国家"统包统分"的就业制度难以满足它们的需要。政治体制改革必然涉及劳动人事制度。从法律角度讲，企业是自负盈亏的生产者和经营者，因此，其在用人方面也应有更大的自主权，可以挑选和聘用自己需要的人才，或拒绝自己不需要的人才。显然，传统的毕业生分配制度与之不相适应。

（二）改革开放后"供需见面"与"双向选择"的就业制度

从 20 世纪 80 年代初开始，国家在对高校大学生继续实行计划派遣就业的同时，紧密结合经济体制和教育体制改革的实践，对毕业生分配工作进行了一些积极的探索和尝试，相继出台了一些改革措施和办法，如"供需见面""双向选择"等。

"供需见面"是指在"统包统分"这个制度还没有被打破的基础上，在具体做法上加以修改的一种就业形式。即学生入学后培养费由国家全部承担，学生毕业后仍由国家负责统一分配，但是在制订分配计划、扩大用人单位选择权、增加分配工作的透明度及学校如何适应社会和经济的发展方面都做了较大的改革。在毕业生分配计划的制订方面，由原来 100% 的指令性计划，改革为按毕业生人数分比例的"切块计划"。在具体落实计划时，基本上采用了由主管部门出面，邀请所属高校（供方）和用人地区或单位（需方）在一起充分协商，提出分专业、分单位的调配方案。这种在一定范围内的"供需见面"的方法，对于克服原来"统包统分"的弊端、适应社会和经济发展的需要都起到了很好的作用，受到了学校和用人单位的青睐。但它毕竟是当时新旧制度交替时期的办法，还不是完善的就业制度。

（三）社会主义市场经济体制下的"双向选择"与"自主择业"的就业制度

在实行"供需见面"的同时，从 1985 年开始，在国家计划指导下，国家教育委员会（简称教委，1998 年更名为教育部）在少数高校试行由学生选报志愿，学校推荐，用人单位考核、择优录用的办法，即所谓的"双向选择"的分配办法。后来，许多学校试行这一办法，试图摸索出一条更完善的高校毕业生分配制度改革的途径。

以"双向选择"为主要特征的毕业生就业制度只是过渡性的就业制度，随着改革开放的深入和社会主义市场经济体制的建立与完善，建立以"自主择业"为主要特征的毕业生就业制度已经势在必行。1993 年 2 月 13 日，由中共中央、国务院颁布的《中国教育改革和发展纲要》是"自主择业"就业制度的政策依据，它明确指出：20 世纪 90 年代，随着经济体制、政治体制和科技体制改革的深化，教育体制改革要采取综合配套、分步推进的方针，加快步伐，改革包得过多、统得过死的体制，初步建立起与社会主义市场经济体制、政治体制和科技体制改革相适应的教育新体制。以《中国教育改革和发展纲要》为政策依据确定的毕业生就业政策改革的目标是：改革高校毕业生"统包统分"和"包当干部"的就业制度，实行少数毕业生由国家安排就业，多数由学生"自主择业"的就业制度，即除少数享受国家奖学金、专项奖学金、单位奖学金的毕业生实行在一定范围内就业外，大部分毕业生实行在国家方针政策指导下通过人才劳务市场采取"自主择业"的就业办法。

在这种就业制度下，大部分毕业生将按照个人的能力、条件到市场上参与竞争，而不再依靠行政手段由国家保证就业；用人单位也只能用工作条件及优惠待遇吸引毕业生，不能等待国家用行政命令的办法给予保证；而高校作为就业工作的中介，主要为毕业生"自主择业"提供服务。

（四）20 世纪 90 年代中期以后，高校毕业生的就业政策更加宽松、灵活

为加快教育体制改革的步伐，1994 年 4 月，原国家教委发布的《关于进一步改革普通高校招生和毕业生就业制度的试点意见》明确指出，逐步建立起"学生上学自己缴纳部分培养费用，毕业后大多数人自主择业"的制度。这种制度从根本上改变了过去"统包统分"的分配制度，这种制度带来的毕业生主要就业方式如下：

（1）为保证国家重点建设项目、国防建设、文化教育、基础学科、边远地区和某些艰苦行业所需的专门人才，学校根据国家需要在有关专业设立专项奖学金。新生可在自愿的基础上申请，经批准后签订合同，学生可领取奖学金，毕业后按合同就业。

（2）企事业单位和社会团体等用人单位在征得有关部门的同意后，可在学校设立用人单位的专项奖学金，由新生自愿申请，但只能申请一项奖学金，并与单位签订合

同后领取，毕业后按合同就业。

（3）既没有领取国家专项奖学金，也没有领取单位专项奖学金的学生，逐步做到毕业后国家不负责安排工作，由其自主选择职业。随着市场经济体制的建立和劳动人事制度的改革，这部分学生所占的比例会越来越大，国家教育行政部门和学校要通过方针、政策和发布信息等措施，加强对他们的就业指导。

（4）国家设立贷学金。领取贷学金的学生，毕业后如果到国家指定的单位或地区就业，国家可以减免其还贷；其他学生应在毕业后按期将所贷款项及其利息还清。

（5）学生毕业后，按照国家专项奖学金或单位专项奖学金合同就业的，应有最少业务年限的规定等。

各地相关部门还要拓宽就业渠道，鼓励、引导毕业生到多种所有制经济结构的企业就业。经济欠发达地区要根据情况制定吸引毕业生就业的优惠政策，学校要采取积极措施，鼓励和引导毕业生到经济欠发达的地区工作、建功立业。

从 20 世纪 90 年代末至今，特别是高校扩招后，大学生就业开始完全过渡到自主择业和自主创业。

总体而言，在我国建立大学毕业生就业市场必然会经历一个从不规范到逐步规范、从不成熟到比较成熟的市场发育过程，毕业生就业市场的培育和建立需要时间。为了适应社会主义市场经济发展的需要，我国高校毕业生的就业政策只有随着社会主义市场经济的发展而不断改革，才能积极引导高校毕业生成功就业，使他们在各自的岗位上发挥特长，为社会做出应有的贡献。

二、就业工作的管理体制

依据原国家教委文件《普通高等学校毕业生就业工作暂行规定》（教学〔1997〕6 号，以下简称《规定》）的规定：国家教委归口管理全国毕业生就业工作，国务院其他部委（以下简称部委）和各省、自治区、直辖市负责本部门、本地方的毕业生就业工作。依据《规定》，各部门的职责分工如下：

（一）国家教委（现为教育部）的主要职责

制定全国毕业生就业工作的法规和政策，部署全国毕业生就业工作；组织研究并指导实施全国毕业生就业制度改革；收集和发布全国毕业生供需信息，组织指导和管理毕业生就业供需见面、双向选择活动；编制全国普通高等学校毕业生就业计划，制订国家教委直属高校毕业生就业计划和部委、地方所属高校抽调计划；负责全国毕业生就业计划协调工作，管理全国毕业生调配工作；指导、检查毕业生就业工作，授权各省、自治区、直辖市调配部门派遣本地区高校毕业生；组织开展毕业教育、就业指导和人员培训工作；开展毕业生就业工作的科学研究和宣传工作；检查毕业生的就业情况。

（二）国务院有关部委主管部门的主要职责

根据国家的有关方针、政策和原国家教委的统一部署，提出本部门毕业生就业的具体工作意见；及时向原国家教委报送所属院校毕业生就业计划和本部委需求信息；组织协调所属院校的毕业生供需信息交流活动；制订并组织实施所属院校的毕业生就业计划；组织开展所属院校毕业生教育、就业指导工作；负责本部门毕业生的接收工作，了解和掌握毕业生的就业情况；开展有关毕业生就业工作改革的研究和宣传工作。

（三）省、自治区、直辖市主管部门的主要职责

根据国家的有关方针、政策和原国家教委的统一部署，提出所在省、自治区、直辖市毕业生就业的具体工作意见；负责本地区毕业生的资源统计工作，并按时报送原国家教委；收集本地区毕业生的需求信息并及时报送原国家教委；制订本地区所属院校毕业生的就业计划并及时报送原国家教委；组织管理本地区毕业生就业供需见面和双向选择活动；受原国家教委委托组织实施本地区高校毕业生的资格审查，并负责毕业生的调配派遣和接收工作；组织开展毕业教育、就业指导工作；检查、监督本地区用人单位和高等学校的毕业生就业工作；开展毕业生就业制度改革的研究和宣传工作；完成原国家教委交办的其他工作。

（四）高等学校的主要职责

根据国家的就业方针、政策和规定及学校主管部门的工作意见，制定本学校的工作细则；负责本校毕业生的资格审查工作，及时向主管部门和地方调配部门报送毕业生资源情况；收集需求信息，开展毕业生就业供需见面和双向选择活动，负责毕业生的推荐工作；按照主管部门的要求提出毕业生就业建议计划；开展毕业教育和就业指导工作；负责办理毕业生的离校手续；开展与毕业生就业有关的调查研究工作；完成主管部门交办的其他工作。

（五）用人单位的主要职责

及时向主管部门报送毕业生需求计划，向有关高等学校提供需求信息；参加供需见面和双向选择活动，如实介绍本单位情况，积极招聘毕业生；按照国家下达的就业计划接收、安排毕业生；负责毕业生见习期间的管理工作；向有关部门和学校反馈毕业生的就业情况。

三、就业工作的基本程序

（一）就业管理部门的一般工作程序

高校毕业生就业管理机构由三部分组成：教育部主管全国的大学生就业工作；各省、自治区、直辖市和中央有关部委分管本地区、本部门的大学生就业工作；各高校和用人单位负责本校毕业生就业的具体事宜和招聘接收毕业生事宜。具体的工作程序如下：

1. 分析形势，制定政策

教育部根据国民经济发展和国家建设情况，确定年度就业工作意见，制定相应的就业政策。各省、自治区、直辖市和中央有关部委根据文件精神制定本地区、本部门所属高校毕业生就业工作的具体意见。这项工作一般在大学生毕业前的半年内进行完毕。

2. 资源统计和资格审查

教育部及各地区在每年 10 月份左右，向社会上的用人单位提供下一年度毕业生资源情况，包括毕业生所在学校、所学专业、来源地区及毕业生人数等。

3. 就业指导

高校应高度重视毕业生就业指导工作。各高校要建立健全就业指导服务机构，把就业指导与大学生的职业生涯规划和发展有效地结合起来，为毕业生在职业生涯发展中实现人职匹配而开展个性化指导、测评等。各高校要在教育思想和理念上，在教学内容的安排上，在实践性教学活动的组织上，在校园文化的建设中，在学生教育管理的过程中，为学生的就业提供有效的服务、指导和帮助。

4. 供需见面和双向选择

各地区、部门和高校在每年 11 月下旬开始，采取多种形式召开毕业生"供需见面，双向选择"会或开放毕业生就业市场，进行招聘活动，为毕业生求职择业提供方便。各高校根据招聘录用情况及生效的就业协议书，制定本校毕业生就业建议方案，并上报主管部门审批。

（二）毕业生的择业程序

对于即将毕业的大学生来说，一个完整的择业过程至少包括收集信息、自我分析、确立目标、准备自荐材料、参加招聘会、参加笔试、参加面试、签订协议、报到上班等环节。走好择业的每一步，对成功实现自己的职业理想十分重要。

1. 收集信息

收集信息是就业活动的第一步。大学生在择业过程中需要收集的信息主要有以下五大类：

（1）当前毕业生就业市场的供需形势。其通常包括社会经济发展形势，社会各行业、各类企事业单位的经营状况和对毕业生的需求等。尤其要重点了解本校、本专业的社会需求情况，以及用人单位对毕业生的基本要求等。

（2）政策和法规信息。国家及学校有关毕业生就业的政策及规定，例如，《中华人民共和国劳动法》《中华人民共和国劳动合同法》《中华人民共和国反不正当竞争法》《国家公务员暂行条例》等。毕业生通过了解相关的政策法规，增强自己的就业保障意识。

（3）就业安排活动信息。例如，什么时候召开企业说明会、什么时候举办招聘会或供需洽谈会等。毕业生要根据自己的需要选择参与，并为参与就业活动做好充分的准备。

（4）成功择业的经验、教训。"择业过来人"的择业经验、教训，就业指导教师的体会和建议等，都会助毕业生一臂之力。

（5）具体用人单位的信息。例如，哪些用人单位需要自己所学专业的人才，需求数量是多少，用人单位的经营状况、文化背景、发展前景、工作条件、福利待遇、对人才的重视程度及对毕业生的具体安排和聘用意图等。

2. 自我分析

在收集信息的基础上，毕业生要联系自身实际，理智地进行自我分析。自我分析包括以下四点：

（1）自身综合素质、能力的自我测评。例如，分析自己的学习成绩在班级中的名次，自己的兴趣、特长、爱好是什么，自己有何出众的能力（包括潜能）等。

（2）分析自己的性格、气质。一个人的性格和气质对其从事的工作有一定的影响，如果能从事与自己的性格、气质相符的工作就容易做出成绩。可以用一些测试表对自己的性格、气质进行分析。

（3）分析自己在择业过程中具有哪些优势、哪些劣势，应该如何扬长避短。

（4）分析自己究竟想做什么。例如，分析自己想在哪一方面有所发展、想成为什么样的人。换句话说，分析如何能让自己获得满足感、价值标准是什么。

3. 确立择业目标

自我分析的目的是确立自己的择业目标。从大的范围来说，大学生首先需要确立的择业目标包括以下三个方面。

（1）择业的地域。首先要确定是在沿海城市就业，还是在内地就业；是留在本地，还是去外地就业。此时，既要考虑相关的政策规定，又要考虑自己的生活习惯及今后的发展等因素。

（2）择业的行业范围。确定是在本专业内就业，还是到其他行业就业；是从事本专业范围内的技术工作、管理工作、社会工作，还是从事教学工作、科研工作等。此时应多分析自己的综合素质、能力、兴趣及特长等。

（3）择业的单位。确定是去大企业，还是去小公司或考公务员；是选择国有企业，还是选择三资企业或民营企业。在这些单位中，有哪些单位前来招聘，自己是否符合招聘条件，自己最希望到哪一家企业工作。比如，愿意从事教育行业的大学生要确定是选择高校，还是选择中等职业学校或其他学校。

在择业过程中，毕业生当然会遇到许多不可预测的变化。但是，如果毕业生事前给自己的择业确定了一个比较明确的目标，就可以使整个就业活动有的放矢、有条不紊；不然，就会出现"乱打乱撞"的被动局面。

4. 准备自荐材料

在确定了择业目标之后，毕业生即可准备自荐材料。自荐材料包括学校推荐表、导师推荐信、个人简历、自荐信及有关的证明材料。这几种材料的侧重点各不相同：学校推荐表和导师推荐信体现学校和导师对自己的认可，个人简历主要说明自己过去的经历，自荐信主要表明自己的态度，证明材料强调自己所取得的成绩。缺少任何一个方面，自荐材料都不完整。

自荐材料是反映毕业生个人总体情况和综合素质的主要材料，是毕业生与用人单位进行信息交流的载体，也是用人单位考查大学生的一扇"窗户"和决定是否面试的重要依据。因此，自荐材料被称为大学生求职择业、赢得面试的"敲门砖"。

5. 参加招聘会

在大学生就业活动中，招聘会和就业市场为用人单位与大学生架起了见面、沟通的桥梁。

在招聘会或就业市场上，用人单位与大学生之间只能进行初步交流：用人单位向毕业生介绍单位的发展情况，同时收集众多毕业生的自荐材料（有的单位可能向应聘学生发放登记表）；毕业生则在了解用人单位的大致情况后，将自荐材料和登记表交给招聘单位。从某种意义上来说，大学生在招聘会或就业市场上，大多数仅完成了一项材料递交工作。当然，也有一些毕业生与用人单位"一见钟情"，当场签约。

为了提高效率，毕业生可以有选择地去几个招聘会或就业市场，没有必要为"广种薄收"而盲目地去"赶场子"，今天去一个招聘会，明天进一次人才市场，这样既浪费时间和精力，效果也不会太好。另外，毕业生可以将自己的自荐材料通过邮寄等方式寄给用人单位，用人单位可以依据此材料进行分析，决定是否通知毕业生参加面试或笔试。

6. 参加笔试

不少用人单位在招聘过程中采用笔试的方式考核应聘者的知识、能力和素质。笔试主要检验毕业生运用所学知识和所掌握的技能去处理实际问题的能力。当然，笔试不仅考核毕业生的知识和能力，同时也考核毕业生其他方面的素质，如书写是否工整、卷面是否整洁、答题是否细心等，因此，毕业生应该珍惜并认真对待笔试。

7. 参加面试

面试是众多用人单位考核毕业生综合素质的重要手段。通过面对面的沟通、交流，用人单位可以了解毕业生的表达能力、思维能力、处事能力、仪容仪表，以及对一些问题的看法和其他一些不能通过笔试反映出来的综合素质。因此，毕业生在面试之前要做好充分的准备，适当进行形象设计。

8. 签订协议

用人单位通过自荐材料、供需见面、笔试、面试等招聘活动，选拔出自己合意的毕业生后，便向被录用的毕业生发放录用通知书。毕业生在接到录用通知书后，如果愿意到该单位工作，则双方签订就业协议书。就业协议书一旦签订，就不得随意更改。如果有一方提出毁约，须征得另外两方的同意并缴纳违约金。

（三）用人单位的招聘程序

1. 确定需求和招聘计划

用人单位因员工离职、工作量增加等原因出现空缺岗位需增补人员的情况时，应及时向本单位人力资源部反映并申请增补人员。人力资源部在接到申请后，应核查各部门人员配置情况，检查公司现有人力储备情况，根据情况决定是否通过内部调动解决人员需求。若内部调动不能满足岗位空缺需求，则人力资源部应将公司总的人员补充计划上报总经理，总经理批准后，由人力资源部进行外部招聘。同时，用人单位应向有关部门申报毕业生需求计划，未申报视为该单位下一年度无用人需求。用人单位提前申报的年度需求计划不足的，可在年度内申报"平时需求计划"。

根据需求，用人单位人力资源部确定招聘计划。招聘计划要依据"岗位说明书"确定各招聘岗位的基本资格条件和工作要求，若公司现有的岗位描述不能满足工作需要，则要依据工作需要确定、更新、补充新岗位的"岗位说明书"。

2.选择招聘渠道

用人单位根据招聘岗位的资格条件、工作要求和招聘数量，结合人才市场情况，确定选择什么样的招聘渠道。大规模招聘多岗位时可通过招聘广告、学校和大型的人才交流会招聘，招聘数量不多且岗位要求不高时可通过内部发布招聘信息或一般的人才交流会招聘。同时，用人单位也可以通过网络进行招聘，在企业官方网站或者一些有名的招聘网站上发布岗位招聘信息。招聘高级人才时可通过猎头公司推荐招聘。人力资源部根据招聘需求，应准备以下相关材料。

（1）招聘广告。招聘广告包括用人单位的基本情况、招聘岗位，应聘人员的基本条件，应聘方式、时间、地点，应聘时需携带的证件、材料及其他注意事项。

（2）用人单位的宣传资料。例如公司简介、岗位要求等。

（3）应聘人员登记表、面试评价表。

3.收集应聘资料，进行初试人员甄选

通常在进行初试时，用人单位招聘人员会严格按招聘标准和要求把好第一关，严格筛选应聘人员的资料，一般会从文化程度、性别、年龄、工作经验、容貌气质、户口等方面综合比较。符合基本条件者可参加复试（面试），对于不符合者，招聘人员登记好其基本资料后直接淘汰。某些外资企业进行面试时，还要做一些心理测试，通过相关的测试，进一步检验面试者是否符合岗位要求。

4.面试

通常来讲，一般人员由人力资源部经理进行面试，财务人员、企划人员等各类专业人员由相应的部门经理进行面试。应聘部门经理者通过初步面试后，需要进行复试。

5.签订协议

用人单位通过自荐材料和供需见面、笔试、面试等招聘活动，选拔出自己合意的毕业生后，便向被录用的毕业生发放录用通知书。毕业生在接到录用通知书后，如果愿意到该单位工作，则双方签订就业协议书。就业协议书一旦签订，就不得随意更改。如果有一方提出毁约，须征得另外两方的同意并缴纳违约金。

第七章　大学生就业准备

第一节　认知准备

一、大学生就业制度与政策

（一）我国高校毕业生就业制度的演变及发展

中华人民共和国成立以来，我国高校毕业生就业制度经历了统包统分—供需见面—双向选择、自主择业 3 个发展阶段。

1. 统包统分

在计划经济体制下，高校毕业生作为一种社会资源，由国家统一调配，安排到国家最需要的行业和领域。在这一时期，就业被叫作"分配"，这一制度在人才奇缺、大学毕业生供不应求的特定历史条件下确实发挥了积极作用。但随着情况的变化，统包统分的大学生就业模式越来越暴露出它的局限性。

2. 供需见面

1985 年 5 月，中共中央颁布了《关于教育体制改革的决定》，提出了改革大学招生和高校毕业生分配制度的要求，并从 1986 年起，将原来由国家计委（现国家发改委）主管的编制高校毕业生各分配计划的工作交国家教委（现教育部）主管。于是，原国家教委提出各高校分给各部门、各地区毕业生的计划——切块计划，各高校再通过与用人部门、地区"供需见面"的方式落实分专业、分用人单位的调配方案。这种"供需见面"活动对疏通高校毕业生就业渠道、促进高校与用人单位之间的联系、加强相互间的了解与协作发挥了积极作用，立即受到了高校和用人单位的广泛欢迎和大力支持。

3. 双向选择、自主择业

从 1986 年起，原国家教委组织力量对高校毕业生分配制度的改革进行了调研，并会同原国家计委、财政部等部门做了充分的论证，提出了《高等学校毕业生分配制度改革方案》，于 1989 年开始实施。该方案提出高校毕业生分配制度改革的目标是：在国家就业方针政策指导下，逐步实行毕业生自主择业，用人单位择优录用的"双向选择"制度。1993 年 2 月，中共中央、国务院颁布的《中国教育改革和发展纲要》（以下简称《纲要》），是有关部门在 4 年多的调研、充分听取各方面意见、反复论证的基础上制定的。《纲要》明确指出：在 20 世纪 90 年代，随着经济体制、政治体制和科技体制改革的深化，教育体制改革要采取综合配套、分步推进的方针，改革包得过多、统得过死的体制，初步建立起与社会主义市场经济体制及改革中的政治体制、科技体制相适应的教育新体制。在此基础上确定的高校毕业生就业制度改革的目标是：改革高等学校毕业生"统包统分"和"包当干部"的就业制度，实行少数毕业生由国家安排就业，多数由毕业生"自主择业"的就业制度。即大部分高校毕业生在国家方针政策指导下，通过毕业生就业市场"自主择业"，根据个人能力条件参与市场竞争，而不再是依靠行政手段由国家保证其就业。高等学校在这一体制下，应将就业的主动权交还给大学生自己，学校在就业活动中只是中介，主要提供就业指导方面的服务。

"双向选择、自主择业"是毕业生和用人单位相互选择的就业方式。通过这种方式，毕业生可了解用人单位概况（包括招聘意图、工作环境、福利待遇、培训制度和事业发展前景等情况）；用人单位则根据要求对毕业生的综合素质进行考察（如知识水平、专业水平、能力、身体状况、思想品德等），决定是否录用。如双方达成协议，则签订毕业生就业协议书。

《中共中央关于完善社会主义市场经济体制若干问题的决定》中明确指出"坚持劳动者自主择业、市场调节就业和政府促进就业的方针"，有关部门根据大学生就业的特点确定了"市场导向、政府宏观调控、学校推荐、毕业生与用人单位双向选择"的大学生就业改革方向。全国高校毕业生就业由教育部归口管理，国家每年根据毕业生的资源状况和社会对毕业生的需求，制订年度方针、政策或指导性就业计划，高校按照国家的方针政策和学校主管部门的要求落实毕业生就业计划，组织派遣毕业生。根据具体情况，政府有关部门每年都要制定当年毕业生就业工作的实施办法。

（二）就业制度

1. 人事代理制度

人事代理制度，是适应社会主义市场经济发展的需要而产生的一种新型的人事管理制度，是指人才服务机构接受用人单位或个人的委托，以人事关系及档案管理为基础内容，对其人事业务以及相关事宜所提供的一系列社会化服务。

毕业生人事代理是指政府人事行政部门所属的人才交流服务中心接受用人单位或个人的委托，管理大中专毕业生的人事档案关系、户籍关系等，并负责及时补充档案材料、接续工龄等。人事代理把原来的"单位人"变成了"社会人"，有助于形成人员能进能出、能上能下的良性用人机制。

适合进行人事代理的毕业生类型是：通过双向选择，已同外资企业、股份制企业、乡镇企业、区街企业、私营企业、民办科技机构、民办教育机构、民办医疗机构、各种中介机构等非国有单位和实行聘用制的国有企、事业单位签订就业协议的毕业生；择业期内暂未落实就业单位，目前正在择业的毕业生；准备复习考研的各类毕业生等。而实际上，我国现在的人事代理制度已经部分扩展至国有企业和事业单位。

2.职业资格证书制度及就业准入制度

职业资格证书制度是指按照国家制定的职业技能标准或任职资格条件，由政府认定的考核机构对劳动者的技能水平或职业资格进行客观公正、科学规范的评价和鉴定，对合格者授予相应的国家职业资格证书的制度。

职业资格证书反映的是特定职业的实际工作标准和规范，以及劳动者从事这种职业所达到的实际水平，这跟学历、文凭都有明显的区别。《中共中央国务院关于深化教育改革与全面推进素质教育的决定》指出：在全社会实行学业证书与职业资格证书并重的制度。可见，职业资格证书制度也是劳动就业制度中一项十分重要的内容。

就业准入制度是指根据我国职业资格证书制度的要求，依据《中华人民共和国劳动法》和《中华人民共和国职业教育法》的有关规定，从事技术复杂，通用性广，涉及国家财产、人民生命安全和消费者利益的职业（工种）的劳动者，必须经过培训，并取得职业资格证书后，方可就业上岗的制度。

在《中华人民共和国劳动法》和《中华人民共和国职业教育法》中，有3条规定充分体现出职业资格证书在就业准入制度中的重要位置。第一，从事就业准入职业的新生劳动力，就业前必须经过1~3年的职业培训，并取得职业资格证书。第二，对招收未取得相应职业资格证书人员的用人单位，劳动鉴定机构将依法查处，并责令其改正。第三，对从事个体工商经营的人员，要取得职业资格证书后工商部门才能为其办理开业手续。由此可知，职业资格证书是劳动者求职、任职、开业的凭证，是用人单位招聘、录用劳动者的主要依据，也是境外就业、对外劳务合作人员办理职业技能公证的有效证件。

3. 劳动合同制度

劳动合同制度是专门规范劳动合同的制度。劳动合同与每一个劳动者息息相关，是每一个劳动者走上工作岗位与用人单位发生劳动关系时都必须签署的协议。劳动合同的内容包括劳动者与用人单位经过平等协商后达成的关于权利和义务事项的条款。劳动合同订立的原则如下。

（1）平等自愿、协商一致的原则。平等是指当事人双方具有相同的法律地位，不存在命令与服从的关系，这一原则赋予了双方当事人公平表达意愿的机会。自愿是指劳动合同的订立完全是出自双方当事人自己真实的意愿，当事人一方不得强制或者欺骗对方，也不能采取诱导方式使对方违背自己的真实意愿而接受对方的条件。合同的期限、内容的确定，必须完全与双方当事人的真实意愿相符合。协商一致是指劳动合同的内容必须由当事人双方在法律法规许可的范围内共同协商讨论，只有协商一致，合同才能成立。

（2）不得违反法律法规的原则。不得违反法律法规原则是订立劳动合同时必须遵守的重要原则。其内涵是：第一，劳动合同主体必须合法，用人单位必须是依法设立的机构组织，劳动者必须达到法定年龄、具有劳动权利能力和行为能力；第二，劳动合同内容必须合法，双方当事人在劳动合同中订立的具体劳动权利与义务条款必须符合法律；第三，劳动合同的程序和形式必须合法，劳动合同必须要有规范的文本，以书面形式订立，口头合同无效。

4. 求职登记和职业介绍制度

按照我国颁布的有关"失业人员登记管理"等办法规定，在一定劳动年龄内，有劳动能力、目前无职业而要求就业的一般城镇居民，包括高校毕业生，要到地方政府劳动社会保障部系统的公共就业服务管理机构（各市、区、县职业介绍中心和城镇各街道劳动管理科、职业介绍所等）进行登记，领取求职证。劳动者进行登记后，就取得了合法就业资格。这是政府帮助就业的前提，也是对失业人员发放失业保险金的先决条件。

目前，政府人力资源和社会保障系统的人才交流中心，负责对专业技术人员、其他干部和毕业生进行求职登记和职业介绍。

5. 失业保障制度

失业，是市场经济体制下人力资源供大于求时的必然现象。在就业政策方面，国家不仅鼓励竞争就业、择优上岗，而且保护就业竞争中的弱势群体。对于能力低、身体弱、年龄大的劳动者，在其失业后，发放一定的失业保险金和救济金，以维持其基本生活和劳动能力，使他们能在适宜的条件下再次就业。

失业保障制度是社会保障体系的重要组成部分。

6.公务员报考制度

我国的公务员包括各级国家行政机关中除工勤人员以外的工作人员。考虑到我国机构编制的实际情况，将行使国家行政权力、从事行政管理活动，使用事业编制的单位中除工勤人员以外的工作人员，也列入公务员的范围。

国家公务员录用考试由考试录用主管机关统一组织，分为以下 7 个步骤：制订录用计划、公告、报名、考试、考核及体检、公布拟录用人员名单、审核备案。

（三）就业政策

就业政策主要包括两个部分：一是有关就业方面的法规，二是就业方面的措施、办法。因此，就业政策在毕业生就业过程中起着两方面作用：一是导向作用，就业政策可以引导毕业生正确地选择择业道路，少走弯路，提高就业满意率；二是保护作用，就业政策能够维护毕业生的合法权益，确保就业的公正性。党和政府根据形势的变化不断调整相关大学生就业政策。

1.就业方面的法律法规类

主要有《中华人民共和国高等教育法》《中华人民共和国劳动法》《中华人民共和国劳动合同法》《中华人民共和国民法典》《中华人民共和国公务员法》《中华人民共和国就业促进法》《普通高等学校毕业生就业工作暂行规定》等。

2.就业措施、办法类

随着社会的发展和就业形势的变化，国家制定了一系列促进大学生就业的政策，各地区也根据本地区的情况出台了针对性更强的就业政策。每年年底，国务院及相关主管部门、地方政府还会根据实际情况制定出次年具体的就业政策。一系列就业政策均可通过教育部等部门的官方网站查询。

3.特殊政策规定

（1）取消大学生就业的户口限制。教育部等四部委联合发布的《关于切实做好普通高校毕业生就业工作的通知》中明确要求，省会及省会以下城市要取消进入指标、户口指标等限制。

（2）在教育系统就业的规定。

（3）结业生和肄业生就业的规定。结业生是指具有正式学籍的学生，学完教学计划规定的全部课程，其中有一门主要课程不及格者。由学校向用人单位一次性推荐或自荐就业，找到就业单位的，可以派遣；在规定时间内无单位接收的，将其档案、户口转至家庭所在地，自谋职业。

肄业生是指具有正式学籍的学生，未学完教学计划规定的课程而中途退学者。国家不负责其就业派遣，将其户口转回生源所在地。

（4）关于改派的规定。毕业两年内找到工作并签订就业协议书，均可回学校办理改派手续。

（5）关于见习期的规定。一般情况下见习期不超过一年。

（6）对毕业时未就业的毕业生的规定。一是将其档案、户籍转回原籍，二是参加就业技能培训。

（7）关于"大学生志愿服务西部计划""农村教师特聘岗计划""三支一扶""大学生村官"等，相关部门已有明确规定，每年还要根据当年的具体情况制定具体办法。

二、大学生就业形势

（一）面临的机遇

（1）党和政府高度重视大学生就业，为大学生就业创造了良好环境。

近年来，国家制定了一系列有利于大学生就业的政策和法规，教育部、公安部、人力资源和社会保障部等部门连续出台了有关促进大学生就业的有效措施，并取得了显著成效。

"十三五"期间，通过实施就业优先战略，以创业带就业，以发展促就业，以政策保就业，力争让每个劳动者都能够获得公平的就业机会和稳定的就业岗位，实现更加充分的就业和更高质量的就业，使劳动者生活得更加体面、更有尊严，人人都享有人生出彩的机会。

（2）目前，我国大学生在全社会劳动力中所占的比例仍然很低。大学生是社会的优质人力资源，就业空间大。

随着我国高校扩招，高等教育从精英型向大众化过渡，高等教育毛入学率正在快速提高，但与世界发达国家和地区比较，比例仍然很低。

我国经济持续、快速发展，为社会创造了大量就业岗位。按国内生产总值每增长一个百分点能创造 80 万 ~ 100 万个就业岗位计算，我国经济的持续增长每年可创造近 1 000 万个就业岗位，这为促进大学生就业做出了重大贡献。

（3）经济全球化为大学生提供了更广阔的就业空间。新兴产业的新岗位和世界其他国家、地区的就业岗位更青睐大学生这一优质社会资源。

（4）新的就业观念和用人制度让大学生有更多的选择。以前大学生就业是按国家

"分配",大学生们只有"服从"的义务,而"服从"就意味着放弃,而今天则是"双向选择",大学生在市场上获得了选择就业岗位的自由,当然也就失去了计划分配的保障。同时,人们的就业观念转变也在一定程度上摆脱了传统就业观念的束缚,有效拓宽了就业渠道。

(二)面临的挑战

(1)劳动力供大于求的矛盾长期存在,经济增长方式的转变造成就业岗位严重不足,使部分大学生无业可就。

(2)结构性矛盾又使部分大学生有业难就。

① 结构性矛盾表现为大学生过高的就业期望与社会可提供的就业岗位之间的矛盾。一方面,计划经济体制下大学生"统包统分"的传统模式已成为人们的惯性思维;另一方面,改革开放以来,社会对知识和人才的极度渴望使我们对大学生就业的认识产生了偏差。而随着我国高等教育从"精英教育"向"大众教育"的转变,"统包统分"已被"双向选择"取代,市场对大学生的需求也从"精英需求"向"大众需求"转变,不再只是精英的职位需要大学生,而是社会各个岗位都需要高素质的从业者,大学生必然成为普通劳动者。这不是大学生的贬值,而是社会发展注定要达到的目标和经历的过程,但大学生还没有自觉接受这一现实,仍然盲目攀高,必将造成劳动力市场的扭曲,无法实现大学生与用人单位的顺利"成交"。

② 结构性矛盾表现为学科专业、学历层次及大学生所具备的知识、技能与社会要求之间的矛盾。这种人才供需的结构性失衡的直接后果,是大量的人才短缺与人才闲置和浪费并存。我国加入世界贸易组织后,产业结构的调整使许多传统行业在短期内受到一定冲击,加速了行业的新陈代谢,导致一定时期内大学生就业的社会供需结构性矛盾较突出。冷静思考,我们不难发现,因为市场调节的盲目性和高校培养人才需要一个较长的周期,教育结构与产业结构不可能完全协调,因而教育结构与产业结构不协调导致部分大学生暂时找不到理想的工作也应当是正常现象,劳动者(包括大学生)在适应产业结构的调整中出现暂时的就业困难,是市场经济条件下的常态。

③ 结构性矛盾表现为区域发展的不平衡。由于区域发展的不平衡造成大学生比较集中地选择在具有良好就业环境和高回报率的地区就业,造成了需要大学生的地方没有大学生愿意去,而大学生愿意去的地方又没有岗位的局面。从经济学角度看,人才总是向那些发展机会多、经济待遇高的地方流动,而经济发展越快,可能提供的就业机会就越多,吸纳人力资源的能力就越强,这也是大学生(包括科技管理人员)从小城市流向大城市、从经济欠发达地区流向发达地区的趋势有增无减的主要原因。而这种人才集中流动的结果必然造成局部和区域的供需矛盾,加重了大学生就业竞争的

压力。

（3）劳动力市场机制不健全影响了大学生就业渠道的畅通。

完善的劳动力市场规则是大学生就业市场正常运行的基础和前提。一方面，大学生就业市场需要健全的法规和管理制度对参与市场的大学生、高校、用人单位等方面的行为进行约束和规范，而我国大学生就业市场尚处于初始阶段，市场运行机制很不完善，市场"交易"秩序缺乏有效的政策支持，增加了大学生就业的成本；另一方面，国家、社会、用人单位和大学生个人在就业过程中有不同的要求。从政府与社会角度看，人力资源的最佳配置是从国家和社会发展的全局出发，使这一配置能够最大限度地与国家的发展目标一致，最有效地与国家发展规划相协调，达到人尽其才、物尽其用的目的；从用人单位的角度看，是要追求利润最大化；而大学生个人则往往追求个人发展目标的实现，期望收入、自我实现的最大化。个人与国家、社会、用人单位在求职和提供就业岗位时并不可能时时保持一致，这就需要一个能够有效地调整各方面利益的机制来协调各方面的期望和行为，使之尽可能趋于一致，实现大学生就业。

三、树立正确的就业观

（一）树立积极参与就业竞争的意识

（1）积极参加双向选择，主动出击，放弃"等、靠、要"的思想。多数大学生还需要转变就业观念，应从理想主义的就业观念转向务实的就业观念，树立自立意识，正视现实，积极、切实地迎接新形势的挑战。

（2）努力提高竞争实力。在掌握良好的专业知识基础上，应有意识、有目的、有针对性地对自己的职业发展方向进行扩展；加强与人处事、沟通的能力，加强自身的动手能力和生活自理能力，全面提升综合素质，积极适应社会需求，努力打造个人品牌，增强就业竞争力，为就业做好准备；另外，要及早地规划好自己的职业目标，合理安排学习时间，明确努力方向。

（3）培养良好的就业竞争心理素质。就业过程中，既要树立敢于竞争、不惧困难、志在必得的自信心，又要具备不惧失败的平和心态。

（二）树立"先求生存，后谋发展"的思想，放弃"一步到位"的思想

许多高校毕业生在市场经济的高等教育大众化现实下，还期望享受计划经济的精英教育条件下的待遇，希望就业能一步到位，一下子就找到自己满意的工作，这是不现实的，也是不理智的。大学生在考虑就业时应先解决生存问题，在保证生存的基础上再考虑这一岗位是否适合自己、是否符合自己的兴趣、自己能否得到提高、将来的

发展前景怎样等问题。

（三）树立职业理想服从社会需要的思想，做好到基层、到艰苦地方、到非国有中小型企业就业的准备，淡化"白领"意识

所谓"职业理想"，就是人们对未来的专业、工作部门、工作种类以及事业成就大小的向往和追求。它应该建立在个人的专业知识、能力、兴趣、职业激情的基础上，只有几方面重叠的部分才可能确立为自己的职业理想。首先，要认真分析自己的职业理想是不是脱离社会现实；其次，要懂得职业理想不等于理想职业；最后，要处理好理性择业与实现职业理想的关系。对成功的判断不能仅以职业所处的地域、职位、收入水平等外在要素为标准，也不能从一时一事的得失来进行取舍。

（四）树立自主创业的观念

面对日益严峻的就业形势，选择自主创业既能为自己寻求出路，又可为社会减轻就业压力，所以，创业是最好的就业。联合国教科文组织于 1998 年在巴黎召开的世界首届高等教育大会上通过的《世界高等教育会议宣言》明确提出："为方便毕业生就业，高等教育应主要培养创业技能与主动精神，高校毕业生将越来越不再仅仅是求职者，而是首先将成为工作岗位的创造者。"国际教育界曾预测：21 世纪将有 50% 的大学生走上自主创业之路。近年来，国家出台了一系列鼓励大学生自主创业的政策，正在努力营造大众创业、万众创新的良好社会环境。大学生创业之前应认清自己，周密计划。创业没有固定模式，一般要经过调整心态、获取信息、调查分析、转化资源、应用资源 5 个阶段。

大学生创业有 5 个备战原则：

① 别把鸡蛋放在一个篮子里。

② 不要迷信热门。

③ 勿以事小而不为。

④ 了解市场，有备而战。

⑤ 好的选址是成功的一半。

四、大学生就业程序

从 20 世纪 70 年代末以来，我国高校毕业生就业制度的改革经历了"计划分配""供需见面""双向选择、自主择业"几个阶段，根据就业制度和就业形势的变化，大学生就业市场应运而生。简单地说，大学生就业市场就是为大学生和用人单位进行供需见面、双向选择所提供的平台。大学生就业市场具有时间短、层次高、规模大等特点。

目前，我国大学生就业市场可分为有形市场和无形市场两大类。有形市场有以下形式：一是一所高校单独举办的就业市场；二是几所高校联合举办的就业市场；三是分科类举办的就业市场；四是区域性的就业市场；五是行业性的就业市场；六是用人单位举办的就业市场。无形市场则包括报纸、杂志、网络等信息交流平台。

（一）高校就业工作的程序

毕业生就业指导→收集发布就业信息→供需见面及双向选择→编制就业方案→进行毕业生资格审查→派遣→报到→改派。

（二）大学生联系就业岗位的程序

制作推荐材料（包括准备就业协议书）→收集处理就业信息→联系用人单位（或用人单位的上级主管部门）→参加供需见面及双向选择→签订就业协议（可另签附期限的劳动合同）→将就业协议书交到学校就业主管部门（或所在系）→派遣报到。

第二节　心理准备

大学生就业心理，是指大学生在择业过程中表观出来的一般心理倾向和特征。随着我国高等教育体制改革力度的加大和劳动人事制度改革的深化，高校毕业生就业由原来的"国家计划、统包统配"的模式，向"供需见面、双向选择、市场主导、自主择业"的模式转变。这种就业模式的变化，既为高校毕业生提供了更为广阔的就业空间和择业自由，也给高校毕业生带来了前所未有的压力和挑战，使大学生在就业过程中表现出特有的心理状态，并以此支配个人的择业行为和职业定位。因此，高校毕业生怎样积极应对新的就业环境，培养良好的就业心理，是就业准备的主要内容之一。

一、怎样做好心理准备

（一）克服挫折心理

挫折心理是指人在从事有目的的活动遇到障碍时所表现出来的情绪反应。当一个人产生挫折心理后就可能陷入苦闷、焦虑、失望、悔恨、愤怒等多种复杂的情绪之中。因此，挫折心理是一种消极的心理状态。

在就业问题上，大学生受到挫折是因为他们的去向和抱负不能被社会和亲友理解与接受，产生怀才不遇的感觉。这往往由是大学生自我评价过高造成的，而且通常是期望值越高挫折感就越重。如果在挫折中不是认真反思而是失去理智、盲目地一意孤行，就可能形成人格障碍，引起内心世界的严重扭曲，对健康人格塑造构成严重威胁。

要正确对待挫折、战胜挫折，首先要进行自我分析，即通过自我认识自觉地调整自己的需要、动机、目的、情绪。其次要对情感实行"冷处理"，用自己的理智驾驭情感。为使自己冷静下来，可以试着进行呼吸训练、肌肉放松训练等训练方法；此外还有自我暗示激励法、自我宣泄与转移目标法等，都可以起到良好的效果。一个充满自信而又脚踏实地的人，一定能克服择业过程中产生的挫折心理。

（二）排除从众心理

从众心理是在社会或群体的压力下，个人放弃自己的意见而采取顺从行为的心理倾向。

当个体认为群体的规范、他人的行为是正确的时候，他的从众表现才是自愿的，这叫作遵从。有时候群体的规范、他人的行为在个体看来并不适合自己，但又没勇气加以对抗，这时的从众表现也是我们要克服的心理现象。从众心理严重的人容易接受暗示、无主见、依赖性大、不能独立思考，迷信名人和权威，往往说违心的话、办违心的事。

在高校毕业生择业问题上，从众心理表现在愿意到大城市、大机关去工作等方面。其实，到大机关、大城市工作并不一定是你最佳的职业选择，只是被从众心理影响的结果。古往今来，大多能成才的人都具有很强的创造力和思维能力，力求摆脱从众心理的束缚。作为大学生，应当具有较强的独立思考能力，逐步培养自己独立分析问题、解决问题的能力，克服从众心理的影响，为今后走向社会培养良好的心理素质。

（三）丢掉嫉妒心理

嫉妒心理表现为当他人突出的品质、才能和成就高于自己时，所产生的贬低、迫害他人的心理倾向。嫉妒心理是求职择业和人才成长的大敌。

嫉妒心理有两个明显的特征。一是指向性，即指向比自己"能干"和"幸运"的人。嫉妒的对象大多是自己工作、学习或生活中的同学、同事或者同龄人。在求职择业期间往往正是嫉妒心发作较为突出的时刻。二是发泄性，除了轻微的嫉妒表现为内心怨恨之外，绝大多数的嫉妒都伴随发泄行为，讥讽、诽谤甚至陷害，只有这样才能使嫉妒者的心理得到平衡。

要同嫉妒心理告别，驱除自私的杂念，开阔心胸是十分重要的。现代社会的年轻人更应用知识开阔自己的视野和心胸，如果在竞争中发现他人在某方面领先于自己，就要有平常心，要学会进行公平、公正的竞争，同时运用"心理换位法"将心比心。

（四）摒弃虚荣心理

虚荣心理也是妨碍求职择业的一种不健康的心理状态。虚荣心过强的求职者在择业过程中往往把注意力集中在社会知名度高、收入高的就业岗位。这些人不从发挥自身优势出发，不考虑自己的竞争能力，甚至不考虑自己的专长爱好，他们选择职业是为了让别人羡慕、做给别人看，而不是给自己寻找用武之地。正确的态度是：在选择职业时首先自问——我需要什么样的工作，我适合做什么样的工作，我能得到什么样的工作，经过冷静思考得出结论并付诸行动，才可能真正摒弃虚荣心理，选择真正属于自己的职业，走自己的路。

（五）避免攀比心理

俗话说："这山望着那山高。"如果这句话用在激励自己积极进取方面无可厚非，但如果在求职择业过程中处处与别人比高下就不好了，更何况现实生活中很多事物根本没有可比性。

事事攀比的求职者在求职过程中往往显得缺乏主见、自信心不足，极易受他人干扰；会把注意力过多地集中到别人的就业取向上，害怕他人笑话自己"没本事""没出息"，总想找到一份超过他人的、十全十美的工作，把找到好工作作为一种吹嘘和炫耀的资本。持这种心理的求职者无异于逼着自己和他人同走独木桥，难免失足，而且这种心理往往会延续到就业，抱怨某人不如自己反而进了大城市、大单位，影响工作情绪，实不足取。两山相比谁为高？俗话说："山不在高，有仙则名。"这个"仙"就是能够发挥自己优势的工作岗位。若想攀比，就要憋足一股劲儿，比一比将来谁的贡献大、成绩好。

（六）抑制羞怯心理

新时期的一些大学生接触社会的机会很少，在校内熟人圈子里他们还能应付，一出校门便感到手足无措。特别是在"供需见面"中，大学生的羞怯心理，直接影响到用人单位的取舍。羞怯是一种常见的心理现象，按其成因可以归纳为以下4种：

（1）自卑性羞怯。

（2）敏感性羞怯。

（3）挫折性羞怯。

（4）习惯性羞怯。

如何在求职择业活动中抑制并克服自己的羞怯心理呢？首先，要增强自信心。古代有驼背的人成为捕蝉能手，国外有从小口吃的人成为雄辩家，关键要善于发现自己的优势，切不要被自己的短处禁锢。其次，不要过多地计较别人的评论，因为只有自己最了解自己的实力。再次，平时就争取机会、迎难而上、多多锻炼。最后，要学会意念控制。遇到陌生场合预感自己可能紧张、羞怯时暗示自己镇静下来，提醒自己别胡思乱想、别自己吓唬自己。

（七）克服自卑心理

一方面，许多大学生在大学中孜孜以求，练就了一身过硬的本领，可就在面临毕业即将走向用人单位时却突然怀疑自己的价值和能力，总觉得自己不如他人，好像缺点很多，甚至一无是处，不敢参与就业竞争；另一方面，部分人因曾经犯过的错误而抬不起头来，或过分看重自己的缺陷和不足，甚至因自己的学校和专业不好而信心不足，结果错过了时机。如何克服自卑心理，走向成功之路呢？

（1）在心中列出自己的成绩单。比如：有关学习、工作等方面的成绩或进展；几次演出或比赛成功的经历；甚至自己做的某件事情曾受到老师、长辈或同学们的赞许；细细品味，自己比原来想象的还要有价值和魅力，这样不仅会使你顿觉有"神力相助"，而且有助于在求职择业时非常自信地进行自我介绍。

（2）尽量使自己坦诚、直爽。把自己确实取得的成绩、具备的才学尽量说出来，自己的不足甚至缺点也应坦率相告。对于承认自己年轻幼稚、缺乏锻炼、不尽如人意的大学生，用人单位会认真考虑，给你发展的机会。

（3）正视现实的自己。每个人都有自己的优势和不足，凡事可取而不可夺，这次不成还有下次，要善于让自己解脱，要经常看到自身及现实生活中光明的一面，这无论对求职择业还是对走好人生之路，都有积极作用。

（八）放弃"学而优则仕"的自负心理

自负是在比较自己与他人的成就时，超越真实自我，夸大自己能力和作用的一种自傲的态度和情绪。自负表面上看像是自信，但究其实质，是严重缺乏自信的一种过度反应。在择业过程中，部分大学生认为自己上了大学就是入了"龙门"，书读得多、学历高也就等于自己身价高，所以就业的要求就高。社会上说的"眼高手低"就是指的这种现象，其结果是"高不成，低不就"，白白丧失了许多就业机会。因此，大学生应该克服自负心理。

（九）摆脱依赖心理

我国曾经三十年的"统包统分"就业政策，使一部分大学生形成一种惯性思维：接受国家分配的单位。现在的国家就业政策指导下的"供需见面、双向选择"制度使许多存在依赖心理的高校毕业生陷入困境。在传统就业意识的禁锢下，一心指望统包统分、恐惧竞争风险，把就业希望寄托在教育部门、学校甚至家长身上，这是一些大学生依赖心理的具体表现。这种心理往往导致大学生对求职择业不闻不问，成为学校的压力和家长的负担。具有这种心理的人一旦进入就业竞争激烈的行业，往往无所作为，失业的风险极大。只有面对现实、着眼基层、积极参与才有出路。

（十）消除焦虑心理

焦虑是由个人应付环境无把握所引起的，并且感受到某种威胁的一种复杂的情绪反应，主要表现为恐惧、不安、忧虑以及某些生理反应。在大学生择业阶段，绝大多数人的心理问题表现为过度焦虑，常常表现为精神负担过重、紧张烦躁、心神不安、萎靡不振，甚至在遭受挫折后产生恐惧感。这种择业性焦虑主要有三种情况。一是社会适应性焦虑，面对即将进入社会，心中一片茫然，不知道如何处理与他人特别是同事之间的人际关系，不知道怎样安排自己的生活，担心自己所学的专业知识和能力不能胜任将来的工作。这种焦虑一般与自理能力不强或专业技能不佳有关。二是工作单位的不确定性引发的焦虑，包括等待的焦虑和迟迟找不到工作单位的焦虑。三是选择带来的焦虑。

消除择业焦虑的方法：一是要学会阳光思维，努力发现好的一面；二是要自信，相信自己一定能找到工作，并完全有能力胜任它，相信自己能处理好各种社会关系；三是客观评价自己，充分发挥自己的优势，努力提高自己各方面的素质。

二、良好的就业心理特征

求职择业是大学生综合素质尤其是心理素质的一次大考验。在就业过程中，良好的心理素质能够帮助大学生理智地认识自我、客观分析环境，有利于充分发挥自己的能力，乐观应对挑战，坦然面对失利，积极把握机会，科学地作出决策。良好的就业心理主要表现为以下几方面的特征。

（一）认清自我，定位准确

如果在面临就业选择的时候，充分考虑自己的各方面因素，去选择一种建立在自己深信不疑的正确思想基础上的职业，能够实现自己人生目标的职业，即使它不是最荣耀的职业，我们也会怀着崇高的自豪感去从事它，它也将不断给我们带来快乐和享受。富兰克林曾说"宝贝放错了地方便是废物"，收荒匠又说"世界上根本没有废物，只是放错了地方"，这就是说，最适合的就是最好的。相反，如果错误地估计了自己，错误的选择就会给我们带来不尽的痛苦。所以，这就要求我们在作出就业决策之前，首先应该认清自我。认清自我就是客观地了解自己的职业兴趣、职业个性、职业能力、职业价值观等决定自己职业选择的因素，再根据自己喜欢做什么、适合做什么、擅长做什么、最看重什么及自己的优势和劣势作出职业定位。

职业定位既要考虑社会需求、工作环境、个人能力等方面的因素，又要处理好职业理想与就业现实之间的冲突。大学生应该主动随着就业形势的变化及时调整自己的就业期望值，将自己的就业心理调整到最佳状态。

（二）正视现实，自信豁达

现实是客观存在的，积极的心态就是正视现实，正视现实是适应现实的前提。成功的就业决策是建立在对就业环境清醒认识的基础之上的，既不幻想，也不逃避。无论现实对自己有利还是不利，都应以一种乐观自信的心态去应对。在就业决策时既要看到形势严峻的一面，以一种坦然的态度对待，又要坚信"天生我才必有用"，豁达自信地面对。自信不仅是大学生成功就业所必备的心理素质，也是对自我的认同和肯定。建立在正视现实基础上的自信心可以让大学生在作职业决策时藐视困难，以最积极的态度、活跃的精神去解决问题，用足够的承受力对抗挫折，用足够的勇气迎接挑战。

（三）主动出击，勇于竞争

大学生就业制度的改革，一方面，为毕业生和用人单位提供了"双向选择"的机会，让大学生能够根据国家赋予自己的权利，结合自己的条件和愿望挑选工作岗位，通过适当的途径和方式展示自己、推荐自己，得到用人单位的青睐；另一方面，大学生在拥有就业主动权的同时，也将面对日益激烈的就业竞争。就业竞争不可避免地给强者带来机遇，使弱者面临危机。在这样的形势下，大学生那种"皇帝的女儿不愁嫁"的时代已成为历史，"等、靠、要"的心理只是一厢情愿。所以，要想在就业竞争中取胜，必须强化自身的竞争意识，主动出击，勇于拼搏。

（四）不怕挫折，放眼未来

一方面，在激烈的就业竞争中，大学生难免会遭受挫折。遇到挫折要认真分析原因，是主观努力不够还是客观要求太高，是客观条件苛刻还是主观条件不具备。只有认真分析，才能心中有数。同时，挫折虽然带来了暂时的伤痛，但也可磨炼意志。所以，遇到挫折不能消极退缩。

另一方面，在激烈的就业竞争中由于种种原因，部分高校毕业生的职业愿望难以实现，也许是专业不对口，也许是工作条件差，也许是待遇低。但无论怎样，这都是自己人生的新起点，虽然现在难如人意，但一定要相信，经过自己的努力和就业环境的改善，今后一切都会好起来的。

第三节　知识能力准备

新的就业形势对求职者的知识结构、思维方式和实践应用能力均提出了更高的要求。为了更好地适应社会的要求，实现顺利就业，大学生必须自觉地把大学生活与就业紧密联系起来，努力构建合理的知识结构、训练科学的思维方式和培养强有力的实践应用能力。

一、构建合理的知识结构

现代社会对求职者的知识要求是拥有较高的知识水平，并能根据社会的发展和职业的具体要求，科学组合自己的知识，形成合理的知识结构。

（一）合理知识结构的特点

大学生应具备的知识包括：基础知识、专业知识、复合知识。

（1）基础知识在大学生知识结构中发挥着举足轻重的作用，在现代高等教育改革中越来越受到重视。基础知识包括数学、政治、外语、计算机及专业基础知识等。

（2）专业知识是大学生知识结构中的主要内容，是高等教育根据社会分工的需要而建立的人才培养方式的具体内容，是大学生所学专业知识，是大学生赖以生存发展的资本和拥有一技之长的具体表现。

（3）复合知识是增强大学生社会适应性的知识，是为了弥补高等教育"专才"缺陷的知识，是大学生健康持续发展的助推剂。

合理的知识结构就是根据社会需要将自己的基础知识、专业知识、复合知识有机整合而成的知识结构。合理的知识结构虽然没有绝对统一的模式，但具有普遍的特征是有序性、整体性、可调性。

（二）知识结构模型

1. 金字塔型知识结构

金字塔型知识结构的横向结构是宽广型，纵向结构为阶梯型。金字塔型知识结构包括了宽厚的综合性基础理论知识、专业理论知识和适量的非专业理论知识及跨学科知识，强调的是基本理论、基本知识、基本技术技能的学习、训练和运用。"厚基础"为人的成才和创造奠定了基础，"宽基础"为人的综合能力、适应能力、应变能力的培养创造了条件。目前，我国大部分本科专业教学计划实际上是按这种金字塔型知识结构设计的。

2. 网络型知识结构

网络型知识结构是以自己的专业知识为"中心点"，以其他相近的、作用较大的知识作为网络的"纽带"，相互联结，形成的一个适应性较强的、能够在较大范围内左右驰骋的知识网。网络型知识结构的主要特点是知识面的宽广性。

3. "T"型知识结构

"T"型知识结构是专博型知识结构的另一种表述。有的人专业知识广博精深，但知识面狭窄，其知识结构很像一个竖杆"｜"；有的人专业知识浅薄，而基础知识深厚扎实，其知识结构像一个横杆"—"。将二者之长集于一身，这就是"T"型知识结构的人。就目前来看，具有"T"型知识结构特点的人才，符合就业市场（专业化时代）的需要。因为广博精深的专业知识可以较好地满足对口行业的就业要求，深厚扎实的基础知识则有助于支撑今后的发展。

（三）社会对求职者知识结构的要求

现代社会对求职者文化素质、知识的要求受着多种因素的影响，尤其受到当代科学技术发展状况的影响。与此同时，各类现代职业对于求职者文化素质和合理的知识结构的要求也越来越高。就知识结构而言，不仅对知识技能共性的要求越来越多，而且对就业者知识和技能的适应性要求也越来越高。

1. 不同类型的职业对求职者知识结构的共性要求

（1）深厚扎实的基础知识。基础知识是知识大树的躯干，是知识结构的根基。无论选择何种职业，也不管向哪个专业方向发展，都少不了宽厚扎实的基础知识。特别是随着科技和经济的高速发展，社会的产业、行业、职业结构调整的速度必然加快。大学生在择业就业上已不可能是从一而终，职业岗位随时变动的状况不可避免，要适应这种变化，必须靠深厚扎实的基础知识。

（2）广博精深的专业知识。高校毕业生是从事专业性较强的工作的高级专门人才。专业知识是知识结构的核心部分，也是科技人才知识结构的特色所在。所谓广博精深，是指大学生对自己所要从事专业的知识和技术的掌握要具有一定的深度和范围，有质和量的要求，对概念体系、理论体系、研究方法、学科历史与现状、国内外最新信息等都要了解和把握。同时，对其专业邻近领域的知识也要有所了解和熟悉，善于将其所学专业的领域与其他相关知识领域紧密联系起来。专博相济，已成为当前人才素质的重要要求。

（3）新知识储备量大。现代各类职业都要求从业者的知识"程度高、内容新、实用强"。"程度高"是指知识层次高，知识面广；"内容新"是指从业者的知识结构中应以反映当今科学技术发展状况的新知识、新信息为主；"实用强"是指从业者的知识在生产、工作中有较强的实用价值。

2. 不同类型的职业对求职者知识结构的特殊要求

（1）管理类职业的要求。该类型职业主要包括国民经济管理、企业管理、金融管理、财政管理、外贸管理、行政管理等社会工作。选择此类职业作为自己目标的求职者，在其文化素质上除了具备上述那些共性要求外，根据管理职业的实际需要和管理科学的发展规律，还必须很好地掌握党的方针政策，掌握基本的法律知识。在其知识结构中，管理理论和知识要求占较大的比例，除此以外，还应了解税务、工商、外贸的管理知识。在知识结构上一般要求具有"网络型"的结构。

（2）工程类职业的要求。该类职业的范围包括各行业中从事工程技术应用工作的职位。它要求就业者在文化素质上应具备扎实的专业知识，具有较新的现代专业理论，熟练地掌握并能应用于实际工作中的应用技术知识及一定的管理知识。

（3）农科类职业的要求。该类职业范围主要包括各农业科技园区、园艺类公司、农科所、蔬菜公司等企事业单位。它要求求职者能吃苦，具有良好的专业知识并能应用于实践，有较强的自学和创新能力。

（4）教育类职业的要求。该类职业的范围包括大学教师、中学教师以及各类职业教育教师、干部培训教师等。教育这一特殊职业决定了选择此类职业的就业者在文化素质上要具备以下条件：掌握辩证唯物主义和历史唯物主义的基础理论和浓厚扎实的专业知识；熟悉本专业最新研究成果及其发展趋势；了解与本专业相近的新兴边缘学科或交叉学科的情况；具有较高的文化素养，达到真正的"博学"；此外，还要掌握教育科学的相关知识。该类职业要求求职者的知识结构为"网络型"。

以上仅介绍了4种类型的职业对求职者文化素质的特殊要求，其他类型的职业也有着各自不同的特殊要求。大学生应当根据社会需要，结合个人专长，充分了解各种职业对求职者知识结构的特殊要求，注意建立和调整自己的知识结构，并使之日趋合理，日臻完善，为成才奠定坚实的基础。

（四）知识的学习

一个人的文化知识内容和水平，将决定他在求职择业时的自由度和取得职业岗位的层次，而知识主要由公共基础知识，专业基础知识，专业知识，现代经济、现代管理和人文社会知识，新技术、新知识5部分构成。

1. 公共基础知识

公共基础知识主要包括人文、自然科学、外语、计算机等知识。掌握深厚的公共基础知识，不仅是形成合理的知识结构所必需的，而且是按照自身特点和社会需要，在我们的一生中不断学习、掌握新知识的需要。公共基础知识犹如基石，只有具有深厚扎实的基石才能合理地建筑起稳固的知识大厦。著名作家夏衍说："每一个科学家、文学家、艺术家在他们成'家'之前，绝无例外地都在文、史、哲、数、理、化等方面经过了艰苦的努力，打下了坚实的基础。要建筑百丈高楼，不先打好地基是不行的。"美籍华裔科学家丁肇中说："掌握知识，就要在某一个学术领域或几个领域内获得一定宽度与深度的基础知识，这是培养一个科学工作者必要的前提。"大学生掌握好了基础知识，就是为以后就业准备了铺路石和敲门砖。如果连大学所学的基础知识都没掌握好，那么如何去学习以此为基础的新知识？因此，大学生在课余时间还可积极参与各类基础学科竞赛，打下深厚的知识基础，这样有利于在今后的工作中适应各种变化，灵活自如地发展。

2. 专业基础知识

对于大学生学习专业学科知识而言，专业基础知识是衔接公共基础知识与专业知识的重要环节，是公共基础知识的深化、发展，是专业知识的先导与基础，起着承上启下的作用。大学生只有掌握扎实的专业基础知识，才能进一步深入学好专业知识。目前，各高校专业基础知识课时的安排，一般占整个学时的三分之一左右，这足以证明专业基础的重要性。作为大学生，应该广泛汲取各类知识的精髓，有针对性地拓宽自己的知识面，这样利于专业知识积累，使知识结构趋于合理。

3. 专业知识

专业知识通常是指大学生所学专业的知识，是大学生知识结构中的主要内容。专业知识是大学生知识结构的直接体现，知识结构的完善必须以专业知识的学习与运用为最终目标。在知识结构中对专业知识的要求是要精而又精、深而又深。随着社会生产力和科学技术的发展，社会对专业能力，特别是专业的实际操作能力的要求越来越高。因此对体现专业能力的专业知识掌握的要求也越来越精和越来越深。宋代哲学家程颐说："学贵专，不以泛滥为贤。"明代文学家王廷相说："君子之学，博于外而尤贵精于内。"当代著名词学家夏承焘也说过："如果一个人兴趣很广泛，然而一生没有一样是比较精通的，那么就不可能探索到世界奥秘的一部分。这样的人，也就缺乏专业知识。就不能很好地为祖国服务。"法国作家罗曼·罗兰也指出："与其花许多时间和精力去凿许多浅井，不如花同样的时间和精力去凿一口深井。"

专业知识是大学生赖以生存的资本，过硬的专业知识是大学生今后走向工作岗位后一技之长的体现，是履行岗位职责、胜任专业工作必须掌握的。一个人的知识面是由专业知识和相关知识构成的。在学习的过程中，应区分出什么知识是工作所必需的，什么知识是进一步提高工作能力和工作效率、效果所需要的，从而有目标、分层次地对知识进行储备，准确而有效地获取相关知识。以教师为例，一名优秀的教师应该具备多方面的知识。其中，掌握好所教学科的专业知识是一名教师进行教学的前提。教师只有拥有丰富的专业知识，才能将其有效地传授给学生。但教师只有相关的专业知识，而不懂教育学、心理学、学科教学论的相关知识，则不能充分了解学生的特点；不懂得教育教学方法，则不能有效地传授知识，这样就不能成为合格的教师。

4. 现代经济、现代管理和人文社会知识

在知识的建构过程中，在重视基础类知识和专业知识的前提下，应努力扩展基础类、专业类知识之外的其他横向类知识的范围。古今中外许多学者提出的"博学"思想，正是这里所说的知识结构中的"广、博"。现代经济背景下，学生需要具有一定的社会知识，一定的经济与管理知识和人文社会知识。作为一名新时代的大学生，应该把学校开设的各种人文课程学好，利用空余时间，多读一些社会科学、经济学、管理学方面的书籍，扩展自己的知识面，开阔自己的视野，不断加深对社会和现代经济、管理方面的了解，不断提高自己的适应能力。

5. 新技术、新知识的储备

面对当前形势，如果大学生只掌握本专业现阶段的知识，是很难适应社会的。因此，大学生在不断加深对专业知识学习的同时，还应科学地学习更多知识，在基础知识的学习宽度和深度上下功夫；要掌握本专业国内外研究的新动向、新成果，了解科技新动态，注意本专业的科学前沿情况。当然，要求大学生同时掌握多种专业知识是不现实的，但是除了精通自己的专业知识，并能在实际中运用以外，再掌握或了解与专业相关联的若干专业知识和技术还是可以做到的。

二、培养科学的思维方式

思维是人脑对客观现实的概括和间接的认识，它反映的是事物的本质和事物间规律性的联系。思维能力是人的核心能力，一个人的思维能力虽然与自身的智力水平有关，但更取决于思维方式。科学的思维方式具有广阔性和深刻性、灵活性和敏捷性、独立性和批判性等特征。培养大学生的科学思维方式应着重从以下 5 个方面进行。

（一）学习哲学

哲学为人们提供方法，启迪智慧。大学生受过高等教育，一般都具备了一定的理性思维能力。但是，要提高思维能力、培养科学的思维方式，必须加强哲学的学习，提高哲学素养。马克思主义哲学作为科学的世界观和方法论，揭示了自然界、人类社会发展的一般规律，是人们认识世界、改造世界的思想武器。同时，它也提示了思维发展的一般规律。因此，大学生提高马克思主义哲学素养，对于提高自己的理性思维能力、培养科学的思维方式是至关重要的。

（二）丰富知识

丰富的理论知识是敏捷思维和培养科学思维方式的基础。一个人掌握的知识越多、越丰富，他的思路就会越广、越深，思维的成果就可以越完全、越准确。比如，逻辑学的知识对提高人们的思维能力是非常重要的，因为，无论是形式逻辑还是辩证逻辑都是以思维为对象，都是关于思维的规律、形式和方法的科学。逻辑规律是一切正确思维所必须遵守的最基本规律，是认识现实的必要条件。违背这些规律，就会使思维丧失它应有的明确性、确定性和一贯性，根本谈不上正确的思维。

（三）独立思考

独立思考，是指对每一个问题从头到尾、由理论到实践都经过自己的头脑去思考，关键在于"独立"这两个字，但也不排斥经常参加讨论。讨论可以作为独立思考的补充，也能促进独立思考的严谨、全面和深刻。善于独立思考的人，既能集中他人的智慧，又能超越前人的思想。善于独立思考的关键在于有时间静下来深思。整天忙于事务而不思考，不仅工作搞不好，也谈不上培养思维能力。独立思考需要多思，同时也要博学和善问，勤于钻研和重视思维方法。

（四）调整思维方式

善于随时整理自己的思路，总结思维方法上的经验教训，是培养科学思维方式的重要方面。一个人的具体思维过程是十分复杂的。得到某一正确认识之前，总是难免要犯思维方式上的各种错误，有时因为概念不清，有时因为判断有误，有时因为缺乏灵活和变通等。不断总结思维错误上的各种经验教训，可以使人不断地完善自己，大大提高自己的思维能力，逐渐培养起科学的思维方式。

（五）提高艺术修养

艺术和科学是人类文明的两翼，艺术思维和科学思维的结合是智慧之源和创新之路。我国科学家钱学森曾对科学与艺术相结合的思维过程进行过具体而精彩的分析。

他说:"从思维科学角度看,科学工作总是从一个猜想开始的,然后才是科学论证。换言之,科学工作是源于形象思维,终于逻辑思维。形象思维源于艺术,所以科学工作是先艺术后科学。相反,艺术工作必须对科学事物有一个科学认识,然后才是艺术创作。在过去,人们只是看到后一半,所以把科学与艺术分了家。而实际上,科学需要艺术,艺术也需要科学。"

三、培养良好的职业能力

(一)职业素养的内涵

职业素养是指劳动者通过不断学习和积累,在职业生涯中表现并发挥作用的相关品质,是劳动者对社会职业适应能力的一种综合体现。职业素养包括职业道德、专业素养、职业素质、职业技能等内容。

职业素养是指职业内在的规范和要求,是在从事职业的过程中表现出来的综合品质。职业素养量化而成"职商(Career Quotient,CQ)"。大学生所应具备的职业素养包括显性职业素养和隐性职业素养。显性职业素养表现为大学生的形象、资质、知识、职业行为和职业技能等,这些素养可以通过各种学历证书、职业资格证书来证明,或者通过专业考试来验证。而隐性职业素养是看不见的、内隐的职业素养,表现为大学生的职业意识、职业道德、职业态度等,它支撑着外在的显性职业素养。因此,大学生职业素养的培养应该着眼于整体素养,并以培养显性职业素养为基础,重点培养隐性职业素养。

职业素养具有以下5个特征:

(1)职业性。不同的职业对职业素质的要求也有所不同。比如对建筑工人的职业素养要求,肯定不同于对护士的职业素养要求。

(2)稳定性。一个人的职业素养是在长期职业活动中形成的,会保持相对的稳定性。例如,一名教师,经过几年的教学实践,就逐渐形成了相对稳定的教师职业素养,并且随着其继续学习以及工作和环境的影响,这种职业素养还可继续提升。

(3)内在性。职业人士在长期的职业活动中,经过自己学习、认识和亲身体验,知道怎样做是对的,怎样做是不对的。这样有意识地内化、积淀和升华心理品质,就是职业素养的内在性。我们经常听说,把这件事交给某人去做,很放心。为什么放心?就是因为其内在职业素养好。

(4)整体性。职业人士的知识、能力和其他个性品质在职业活动中的全面表现,就是职业素养的整体性。我们说某人职业素养好,不仅指其职业道德、职业素养好,还包括其职业技能、职业素质好。

（5）发展性。一个人的职业素养是通过教育、自身社会实践和社会影响逐步形成的。社会的发展，对从业者职业素养的要求越来越高。为了更好地适应、满足时代发展和科技进步的需要，职业人士要不断地提高自己的职业素养。

（二）职业能力的培养

《国家技能振兴战略》对职业能力的定义为：职业能力是人们从事职业活动、完成职业任务的成效和本领。职业能力分为专业能力和核心职业能力。

1.专业能力

大学教育是以专业能力教育为主的，知识、技能是分专业学习的。专业能力一般是指专业知识、专业技能等与职业直接相关的基础能力。专业人士与普通人士之间的根本区别就是其专业能力。大学生爱上一个专业，精通一门专业，培养自己优秀的专业能力，是把自己塑造成职业人士的重要途径。

（1）专业知识。不同的职业、行业需要具备的专业知识也不相同，它可能来自课堂，也可能来自工作实践。专业知识的积累是一个持续过程。现在部分大学生搞期末"突击"的战术，用一个月的努力弥补一学期的知识空白，考试靠老师画重点获取好成绩，一个长假回来，大部分知识又还给了课本，留下的只是一个"值钱"的数字。学到的知识就是拥有的武器，可以白手起家，但不可以手无寸铁。如果一个人目标明确，打定主意从事自己所学专业，走专业路线，并一直走下去，就必须在专业知识上精益求精；有空时应浏览最新文献，查看全球科研的最新进展。

课本上学的知识都是工作中最基础的内容，所运用的模型和原理也是最简单的类型。专业知识是培养专业技能的基础，工作上出现各种问题和疑惑，都要运用所学的知识和原理，根据具体问题找出"瓶颈"所在，找到突破口去解决。这需要在实践中不断学习和总结，把平时所学的知识转化成工作中的利器，在反复的实践中，自己去领悟，摸索。

（2）专业技能。专业技能是指依据专业培养目标，通过一定的学习、实践训练，学习者熟练掌握的专门技术及其运用能力。专业技能分为基础技能和专门技能。

基础技能指从事专门职业所必须掌握的最基本技能。以师范生为例，不管是历史、中文，还是数学或物理专业的大学生，作为未来的教师，都应具备基础的教学技能，如表达技能、书写技能、信息处理技能等，既要具备国家要求的标准的普通话水平和良好的书面、语言、形体表达能力，也要有扎实的三笔字（钢笔字、粉笔字、毛笔字）、简笔画基本功以及应用现代教学媒体的能力等。

专门技能指从事某种职业所必须掌握的某项或几项特殊能力，是在基础技能的基础上进一步发展起来的能力。如教师除了掌握基础技能外，在课堂上还应综合运用教授技能、提问技能、沟通技能、练习指导技能、课堂组织技能、信息技术技能等多种技能。专门技能的高低决定了择业的顺利与否，也决定了未来事业的成败。

专业技能是大学生进入职业领域的资本，不同的职业会对人们有不同的技能要求。做研究工作要求具有调查、分析、归纳、演绎的技能；做教育工作要求有澄清、说服、评估、鼓励、表达的技能；做公务员要具有从事行政工作的技能，如判断推理、资料分析以及文书编写能力等。

具备过硬的专业知识和专业技能是高校毕业生进入就业市场的基本准入条件。

2. 核心职业能力

核心职业能力是指从事任何职业都需要的一种综合能力。它泛指专业能力以外的能力，或者说超出某一具体职业技能和知识范畴的能力。每逢毕业季，大多数毕业生能顺利地找到心仪的工作，但也有些毕业生虽然参加了很多次面试，结果却都是被告之"对不起，你不太适合我们这份工作"。造成这种情况的原因之一是毕业生缺乏核心职业能力。这是不容忽视的。

核心职业能力是每个人在职业生涯中，甚至日常生活中必备的、最重要的、起关键作用的能力之一。当职业发生变更或者当劳动组织发生变化时，劳动者所具备的这种能力依然存在，使劳动者能够在变化的环境中很快地重新获得所需要的职业技能和知识。核心职业能力具有普遍的适用性和广泛的可迁移性，对人的终身发展和终身成就影响极其深远。

核心职业能力将在很大程度上帮助大学生去发现、实现自我价值，从而使大学生更好地服务社会。因此大学生在毕业前就应该做好准备，在具有专业能力的前提下，让自己的团队合作、创新、职业沟通、自我管理等核心职业能力过硬。

（1）团队合作能力。团队（单位）就像大海，而我们每个人就像海里的一滴水，要想生存，唯一的选择就是融入团队。

团队是什么？团队是在一个规则、系统下，为了共同的目标而在一起奋斗的不同性格的人组合。随着社会信息的发展和人与人之间交往活动的日益频繁，工作越来越依靠团队的力量。

团队合作是职业人士工作的一种重要方式。当今社会职业人士做任何一件事、任何一个项目，都不是单枪匹马完成的，而是与领导、同事、客户合作完成的。而"团队合作"精神也正是绝大多数人目前还比较欠缺的。世界知名企业（如苹果公司、微软公司、谷歌公司等），无一不是因为拥有一支核心精英团队而扬名于世。

团队合作精神是决定大学生就业的决定性条件。令人惋惜的是，许多大学生"不会说话""不会与人交流""不合群"，职业沟通能力、团队合作意识成了大学生就业的短板。这在很大程度上注定了他们求职路的坎坷。

因此，大学生应该有意识地在学校的学习和生活中培养自己的合作精神，学会分享和感恩，勇于承担责任，不要把错误和责任都归咎于他人。在日常学习和生活中，要有目的、有计划地参与各种竞赛、学生社团、体育运动、科技文化艺术节等各种校园集体活动，在活动过程中自觉加强纪律观念和培养大局、团队意识，积极地与人交流沟通，与他人分享自己的想法，凡事采取合作的态度，只有合作才能增强团队凝聚力。

（2）沟通能力。卡耐基曾经坦言："一个人的成功，15%归结于他的专业知识，85%归于他的表达思想、领导他人及唤起他人热情的能力。"许多用人单位表示，大学里的专业技能固然重要，但是当代大学生如何与人沟通、融入社会也需要被高度重视。许多大学生缺乏融入社会、进入职场的基本能力和核心竞争力。张译在《三分靠本事七分靠沟通》中认为，我们身边总环绕着种种问题，原因很多，其中最重要的一个原因，就是沟通问题。很多时候，我们会被一些现象迷惑、困扰，不能很好地与他人沟通，从而影响我们的师生关系、朋友关系、恋人关系、亲情关系、同事关系。能否与领导、同事、客户有效沟通，是我们融入职业岗位的重要保证。沟通能力是培养胜任和担当能力的"催化剂"，更是实现职业目标的推动力。

大学生人际交往越来越网络化（QQ、微博、微信等）。有的大学生在熟人面前说个不停，陌生人面前一言不发，自己玩手机，不愿意沟通，尤其在等待、聚会、无聊时，都当"低头族"，用玩手机代替人与人之间面对面的沟通，没有与他人沟通的欲望，更没有养成通过与他人沟通达成共识的习惯和技巧。

我们生活、工作中绝大多数的失误，都是缺乏沟通造成的。由于每个人所处的角度和思维方式不同，在沟通交流过程中不可能永远保持一致，难免会出现意见分歧，甚至有误会与争执。只有良好的沟通才能使双方达成共识、相互了解、接受、信任。

在沟通中，要学会倾听，善听才能善言，切忌中途插话或打断他人，否则会被视为不礼貌和缺乏修养。一个谦虚好学的人、懂得善待他人的人、会反思的人，永远懂得倾听。无论什么时候，倾听都显示出一个人的职业素养。学会倾听是一种美德，一种修养，一种气度。

（3）创新能力。创新能力不仅是衡量大学生能否成才的重要指标，而且也是各用人单位选人用人的重要衡量标准之一。有研究表明，一个人在20～30岁期间是最富创新能力、最容易出成果的。如果仅局限于教材和课堂，那么所有大学生只能处于同一水平和层次。要实现超越，大学生就必须抓住这一宝贵时期有所突破。想要有所不同，就必须创新。

（4）人际交往能力。人际交往能力是指一个人在团体或群体内与他人和谐相处的能力。每个人都必然会和社会上形形色色的人打交道，处理好人际关系是每一个高校毕业生走入社会后必须掌握的能力。在现代社会生活中，人际交往能力变得越来越重要，有时甚至超过了工作能力。

美国哈佛大学就业指导小组曾对几千名被解雇的人员进行过综合调查，发现其中因人际关系不好而离职的，比因工作不称职而离职的人数高出 2 倍多，因人际关系不好导致无法施展其才华的占 90% 以上。

根据管理学家的估计，在工作失败的人中，80% 不是因为他们的专业能力不够或工作动机问题，而是他们无法与他人一起工作，无法与他人好好相处。许多大学生习惯通过网络交往，但网络生活与现实生活不是一回事，不能将所有人际关系都寄托于网络，忽视面对面的交流。

（5）解决问题能力。学会解决问题是一个人立世和成事的根本。人们每天都会面对一些问题，这是不可避免的，也并不可怕，关键在于会不会处理。善于处理问题是一个人综合素质的集中体现，是实践能力的核心，更是职业能力的重要组成部分。

学会解决问题可以改善社会环境、工作环境，乃至心理环境。要提高这种能力不是朝夕之功，而是一个平时积累的过程，可以从以下方面着手：

第一，面对问题时不慌张，从辩证的角度来分析问题产生的原因及可能造成的后果。问题出现后，我们可以向他人求助，但要明确自己才是解决问题的主体。因此，遇到实际问题时，要学会独立思考、仔细分析、冷静全面地寻找问题的症结。

第二，处理问题时不怯场，讲究策略，运用掌握的各种知识进行合理、科学的处理。不同的问题处理的方法也会有所不同，要学会区别对待、灵活化解，善于学习和倾听，以平等、宽容、适度为原则，提高分析问题、处理问题和解决问题的能力，以负责任的态度来解决遇到的问题。

人生最宝贵的两项资产：一项是头脑，一项是时间。做事的效果，决定事业和生活的成败。如何根据自身的价值观和目标取向管理时间，是一项重要的技能。

首先，善用时间，朝自己设定的目标前进，不致在忙乱中迷失方向。时间使用原则是：合理使用消费时间（游戏、聊天、逛街、上网）；尽可能多地使用储存时间（学习、思考、记忆、计划）；尽量避免浪费时间（等待、做不必要做的事、无聊的旅途）。

其次，做重要的事而不做紧迫的事。事情一般分为重要而紧迫的事，重要而不紧迫的事，紧迫而不重要的事，不重要又不紧迫的事。我们的做事顺序应该是：先做重要又紧迫的事，次做重要而不紧迫的事，少做紧迫而不重要的事，不做既不重要又不紧迫的事。

最后，做事的步骤。做事的步骤分为以下 5 步：一是确定目标，目标影响效率。明确目标可以帮助最大限度地聚集资源，从而节约大量时间；二是确定需要做的事，确定实现目标需要做哪些事情，并且要确保这些事情有利于目标实现；三是确定事情的先后顺序，事情分清轻重缓急；四是确定计划，根据要做事情的轻重缓急制订计划，确保计划得以严格执行；五是选择正确的方法，以正确的方式做事。遇事马上就做，现在就做，这是克服拖延心理的办法。

《光明日报》的一篇文章中指出："随着信息技术的发展和全球化深入，各个行业和岗位的变动越来越频繁，知识和技术的更新越来越迅速。"用人单位招聘时，不仅仅要求大学生掌握岗位相关的专业知识和技能，而且对大学生的综合素质也越来越重视。因此，大学生要努力培养核心职业能力，提高自身的综合素质，成为复合型人才，这样，走入社会后才能适应不同类型的职业。

（三）实践应用能力的培养

知识的积累对能力的提高具有指导作用，但大学生具备了丰富的知识并不意味着就有了较强的实践应用能力，要将知识转化为实践应用能力，需要付出艰辛的努力。为了适应社会的要求，大学生必须加强实践应用能力的锻炼，增强自己的竞争力。

1. 大学生应具备的实践应用能力

一般来说，不同的学科和专业对毕业生有着不同的能力要求，即要求大学生具有从事本专业活动的某些专门能力。但是，无论什么专业的毕业生，要想顺利就业并尽快有所成就，都必须具备一些共同的基本能力。共同的基本能力主要包括表达能力、动手能力、适应能力、人际交往能力、组织管理能力、创新能力、决策能力等。这些能力既是择业过程中必须具备的能力，也是适应社会需要和自身发展所应具备的能力。除此之外，以下 3 种能力也是大学生在择业过程中必须具备的。

（1）推销自我的能力。市场经济条件下，任何一种产品要推向市场并得到人们的认可，除去过硬的质量之外，还必须辅以强有力的市场宣传。"酒香不怕巷子深"早已成为历史，现在市场竞争激烈，质量好的酒又很多，所以酒再香也怕巷子深。同样，大学生素质再高，能力再强，如果不会推销自己，用人单位怎么知道你是他们最合适的人选呢？学会恰如其分地向他人推销自己也是一门学问，是能够培养出来的一种能力。这种能力一般只能在实践中摸索积累，书本上很难学到。

（2）自我包装的能力。市场经济也是一种"眼球经济"，任何一种产品想要博得人们的好感，吸引人们的兴趣，首先要征服人们的眼球，而产品的包装则是征服人们眼球的第一步。大学生择业也一样，要获得用人单位及面试官的好感并引起他们的兴趣，必须首先做好自我包装，让自己的实力能够更加充分地展示出来。自我包装主要包括个人形象包装和就业推荐材料包装两个方面。自我包装的能力应根据自身特长和条件不断实践和完善。

（3）随机应变的能力。现在的人才市场瞬息万变，机会稍纵即逝，要想掌握市场的主动权，必须适应市场的变化。大学生在就业过程中，必须学会根据社会需要、就业环境、自身条件等方面因素的变化，及时调整策略，牢牢把握机会。如果坚持一成不变的观念，会跟不上形势的变化。

除了上述 3 种一般意义上的能力之外，就当前的社会需要和高校毕业生的实际状况而言，计算机能力的重要性也日益突出。

2.获得能力的方法与途径

大学生培养自己的能力同知识的掌握一样，要靠平常的学习、生活中自觉培养和实践锻炼。人的能力和水平是有差异的，这种差异并不是先天形成的，而是由所处的环境、受教育程度及自身实践状况等因素造成的。就共性而言，获得能力的方式与途径主要有以下 4 点：

（1）积累知识。无法想象一个知识贫乏的人能拥有超群的能力，离开知识积累，能力就会成为"无源之水"。因此，大学生在校期间一定要注意拓宽自己的知识面，勤奋学习，不耻下问，正如王充所说的"智能之士，不学不成，不问不知"。一个人能力的大小，首先取决于掌握知识的多少、深浅和完善程度。这是因为知识是构成能力的元素。需要说明的是，能力并不是知识的简单堆积，而是知识的结晶。这里的"结晶"包含着对知识的提炼和加工，代表着质的变化。怎样才能做到这一步呢？除掌握知识外，还需要有科学的思想方法和熟练的技能技巧。这里的思想方法和技能技巧也属知识范畴，即在某些方面有丰富的知识，并掌握科学的思想方法对这些知识进行科学加工，进行创造性运用。掌握的知识越丰富、越精深、越完善，加工和运用知识的思想方法越正确、越先进，技能技巧越熟练、越精湛，能力也就越强、越高、越卓绝，也就是我们所说的能力超群。

（2）勤于实践。能力是在实践过程中培养、形成并表现出来的，因此，实践是培养能力的重要途径。如一个人要想清晰、准确地表达自己的观点、思想和情感，那就得善于在公共场合演讲或拥有写作的能力，演讲和写作就是实践过程。一个人要想具有组织管理能力，那就得积极主动地、有意识地在法律法规和校纪约束的范围内去组织和参加一些社团活动，并在有条件的情况下参与一些社会工作，这些实践活动都会使其组织管理能力得到明显的提高。学校不同于社会，实践的形式还是比较单一的，但只要积极参与，还是会有很多收获的。像做义务家教、当保洁员、参加社区服务等，这些活动不仅丰富了大学生的大学生活，同时也促进了他们各方面能力的提高。

（3）发展兴趣。兴趣对能力的培养相当重要。古今中外许多著名的科学家、文学家、艺术家，都是在强烈的兴趣驱动下取得事业成功的。如英国著名女科学家古道尔从小喜欢生物，并逐渐对黑猩猩产生强烈的兴趣。于是她不畏艰险，只身进入热带森林与黑猩猩一起"生活"了10年，掌握了极其宝贵的第一手资料，为揭开黑猩猩的秘密做出了贡献。又如达尔文，起初因他对医学、数学等毫无兴趣，曾变为"慢班"的学生，但他对打猎、旅行、搜集标本却兴趣盎然，后来成了著名的生物学家。因此，大学生要围绕所学专业发展自己的兴趣爱好，并以这些兴趣爱好为契机，加强相关知识的学习和积累，注意发展自己的优势。

（4）超越自我。作为一个大学生，要注意发展自己的优势，但仅仅有优势是不够的，必须对前面列出的几种基本能力都有所拓展。这就要求大学生在注意发展兴趣、能力的同时，也要超越自我，注意全面发展自己的各种能力，这是今后生存的需要，也是发展的需要。

现代社会的多维竞争增加了单一能力持有者的生存难度，同时也增加了用人单位的危机感。因此，不管是否是兴趣所在，大学生都必须提高自己各方面的能力。

第四节　材料准备

一、推荐材料

推荐材料是高校毕业生就业的"敲门砖"，是描绘自己的"自画像"，是推销自己的"宣言书"。通过推荐材料可以让用人单位未见其人，先知其详，并决定是否面试或录用。可见，推荐材料在大学毕业生就业活动中发挥着至关重要的作用。

推荐材料包括封面、自荐信（求职信）、个人简历、鉴定及推荐意见（班主任鉴定、系推荐意见、学校主管部门意见等）、学习成绩证明（须学校教务处或所在院或系盖章）、个人优秀表现的支撑材料（获奖证书、资格证书等）、名人推荐信（这里的名人包括学校老师、同行专家、企业老总等能对就业岗位产生积极影响的人）、等。

推荐材料的封面，要简洁明快、标题鲜明，写明"自荐信"，注明学校、院（系）、专业、姓名和自己的通信、联系方式，可用图案适当点缀，但切忌过分装饰。

二、自荐信的撰写

自荐信是一种有目的地针对不同用人单位的书面自我介绍。它以书面语言展示自己的最佳形象，用诚恳打动用人单位，激发用人单位对你产生兴趣。自荐信一般安排在推荐材料的扉页，语言要求热情洋溢、言辞诚恳、大方得体。在构思上要围绕"为何荐""凭何荐""怎么荐"几个重点问题展开，其重点在"荐"。自荐信往往与简历一起使用，因此自荐信的质量在很大程度上影响着简历的作用，一封好的自荐信有可能为你赢得面试的机会，而一封不好的自荐信则可能使简历形同虚设。自荐信的书写格式与一般书信相同，一般包括标题、称呼、正文、落款4部分。

标题："自荐信"要醒目、简洁、大方、美观。

称呼：对主送单位或收件人的呼语。若联系单位明确，可直接用"尊敬的××单位领导："，若单位不明确，可用"尊敬的贵单位（公司、学校）领导："，最好不直接冠以单位最高领导职务，以免引起第一读者的反感。

正文：开头应表示对对方的问候致意。主体部分包括自我简介、自荐目的、素质展示、态度（愿望、决心）、结语5方面内容。自我简介只需说明姓名、学校、院（系）、专业即可；自荐目的要充分表达对用人单位的热爱之情，这就要求在投递自荐书之前对应聘单位有一定了解（当然了解得越多越好）；素质展示是自荐信的关键，主要说明自己的能力和特长，特别是针对应聘岗位的条件，而这些条件又包括基本条件和特殊条件，基本条件包括政治表现、学习情况、工作情况3个方面，特殊条件是自己的特长（特长不宜太多，一两项即可）；态度部分要表示对加入应聘单位的强烈愿望和共创美好未来的雄心壮志，并期望得到对方的认可和接纳，要求语言自然恳切、不卑不亢；结语按书信格式写上祝福语或"此致敬礼""恭候佳音"之类的词语。

落款：在落款处写上"自荐人：××"，署名要亲笔签名，以示郑重和敬意，并标注规范体的日期（年月日）。文末说明联系方式（邮政编码、通信地址、信箱号、电话号码、电子邮箱地址等）。

自荐信手书最好，但更多时候使用打印件。内容不宜过长，一般应控制在一页A4大小的纸之内。

自荐信中应避免的错误：过分自信或不够自信——要么狂妄自大、认为非我莫属，要么过分谦虚、贬低自我；言辞媚俗而无实质内容——尽为阿谀奉承的客套话而无实际内容；称呼不当或随意简称——对收信人的称呼不恰当或随意简称自己的学校、专业；文字错误或翻版简历——有错别字、病句、网络语言或简单重复简历内容；没有签名——无亲笔签名甚至无签名。

自　荐　信

尊敬的××领导：

您好！感谢您在百忙之中阅读我的求职材料。

我是×××大学×××学院×××专业的一名应届毕业生，现已顺利完成了所有必修课程及实习任务，正在人生旅途中寻找一个新的起点，希望您给我一个机会。

我深知，机遇总是垂青于准备充分的人。在校期间，我刻苦学习各门专业课程，努力在专业学习上做到既有深度又有广度。课余时间我积极参加学院举办的各种学术讲座，因而掌握了扎实的基础理论知识，同时注重实践能力的培养，连续三次获得学院奖学金。同样，我也从不放松对英语及计算机能力的提高，顺利通过了英语四级及计算机二级考试。学习之余，我注重对自己思想道德素质和社会实践能力的培养，现已成为一名光荣的预备党员；我也积极参加团队活动，与同学们一起将班级活动开展得有声有色，所在班级多次被评为"先进班级"。丰富的课外活动不仅让我锻炼了多方面的能力，也塑造了我朴实、稳重的性格。实习期间，我努力提高自己的思维能力、应变能力、实际操作能力及各种专业文件的书写能力。

毛遂自荐，求展鲲鹏之志；慧眼识才，求报知遇之恩。我真诚地希望成为贵单位的一员。在众多的求职者中，我也许不是最优秀的，但我一定会以兢兢业业的工作态度、踏踏实实的工作作风、开拓进取的工作精神来回报您对我的信任！如果这次不能被录用，我会一如既往地关注贵单位的发展，祝愿也相信贵单位的明天会更美好！

再次真诚地感谢您阅读我的求职材料！

此致

敬礼！

自荐人：×××

年　月　日

联系方式：（××××）××××××、（0）×××××××××××

通信地址：××省××市××××　（邮政编码：××××××）

电子邮件：×××

三、个人简历的制作

个人简历是对求职者知识能力、学习及工作经历等方面的简要总结。一份个人简历就好比产品的广告和说明书，既要将自己与别人区分开来，又要把自己令人信服的价值充分展示出来。在就业竞争日益激烈的今天，如何让自己在众多实力相当的竞争者中脱颖而出，一份优秀的个人简历便成了有力的助推器。

（一）个人简历的基本内容

1. 个人基本信息

基本信息包括求职者姓名、性别、出生日期、籍贯、通信地址、邮政编码、联系电话、E-mail 等基本情况。

2. 求职意向

表明欲应聘的岗位（最好根据招聘信息发布的工作岗位填写，越具体越好），若没有注明求职意向则可能被立即淘汰。

3. 教育背景

注明就读学校的名称、学位、学历、院（系）、专业、大学学习情况（包括主修专业方向、专项培训）、社会教育情况、专业获奖情况，不需要罗列中小学教育信息。

4. 实践或工作经历

说明学校和社会经历及获奖情况。学校经历——担任学生干部情况及参加学生活动情况；社会经历——社会实践及专业实习情况。

5. 知识能力

注明专业知识技能（专业课程、应用性操作能力）、通用知识技能（外语、计算机应用能力及等级证书等）、爱好特长等方面情况，一般不需要注明课程成绩，除非成绩非常优秀。"特长"选择最有代表性的 1 ~ 2 项填写即可，最好与应聘工作有关。

6. 自我评价

用精炼的词句概括自己的优良品行、习惯、性格等，要求客观真实。自我评价不是个人简历的必备内容。

（二）个人简历写作的原则

1. 重点突出的原则

紧紧围绕求职意向组织材料，突出能胜任应聘岗位的各方面能力，不要将自己描写成适合所有职位的"万金油"。

2. 适度包装的原则

树立推销自己的理念，把个人简历看作一份推销自己的广告，在内容、格式、纸质、字体等方面都能突出自己的创意、展示自己的亮点，外观整洁大方，争取更大程度地吸引阅读者的眼球。

3. 信息集中的原则

使用简捷、清晰易懂的语言表达自己的知识技能和资质等与招聘需求相匹配，多用动词，确保阅读者一眼就能看到需要的信息，尽可能避免关键信息的松散混乱。

4. 扬长避短的原则

尽可能表达对自己有积极作用的信息，避免陈述对自己不利的信息，并注意充分展示自己的个性特点。

5. 实事求是的原则

客观真实地说明自己的情况，切忌夸夸其谈和无中生有。

6. 短小精悍的原则

简明扼要地介绍自己的情况，让阅读者能在最短的时间内看完，字数一般控制在 1 000 ～ 1 200 字之间，尽可能在 1 ～ 2 页 A4 大小的纸内完成。

（三）个人简历写作的格式

个人简历可分为 7 种格式：表格式、半文章式、提要式、年代式、册子式、功能式、独创式。这些格式可单独使用，也可相互交叉混合使用。独创式的简历仅适用于创造性行业。

最好使用 A4 纸，以白纸黑字为最佳，米色或浅黄色纸张也可用；将姓名、联系方式、邮政编码放在一起；没特别要求一般不附照片。

排版打印时，设定页边距，一般使文本宽度在 16 厘米左右，四周留出适当空白，切忌在简历中出现跳字、字母高低不平、用修正液涂改的情况。

（四）电子简历的制作

电子简历主要包括个人资料、教育背景、工作经验和其他方面 4 部分内容。制作电子简历应注意以下几方面。

（1）直达主题。将自己想要传达的信息直截了当地表达出来，比如"我能胜任贵单位的 × × 岗位，有以下理由……""本人专业知识扎实，实验操作能力强，具体表现为……""本人有较强的组织能力和社会活动能力，在校期间曾先后担任……，先后组织了……活动，获得过……奖励……"。

（2）突出重点。在简历中只需将资历、专长、成就、求职意愿详细说明就够了，切勿啰唆，确保重要信息不被冗长的叙述淹没。

（3）遣词造句简洁、有力、易懂。

① 简单明了，不要使用令人费解的词句。

② 直截了当，语言用短句，材料用短篇。

③ 考虑阅读对象的知识背景，尽可能不使用专业性太强的术语和词汇。

④ 说明具体，不要使用模糊、笼统的词语。

（4）篇幅适中，注意提高简历的含金量。

（5）充分发挥计算机的各种功能，注意对电子材料的装饰，使电子简历更醒目、更有吸引力、更容易被阅读。如果使用电子邮箱发送电子简历，应该将文件直接拷贝到邮件管理器的消息框里，而不要将文件以附件的形式附在电子邮件之后。

（五）个人简历制作注意的细节

（1）勿使用下划线，以免下划线与字迹相连。

（2）使用白纸，不用手写体和斜体，以提高分辨率。

（3）慎用竖线和图表，不使用古怪的字符和图片，以便识别和阅读。

（4）注意字体大小和字迹清晰度，用"百分比"代替"%"，避免使用连续的"……"。

（5）用"（ ）"括起电话号码的区号，电子邮箱地址和网址单独分行排列（若两者并列，应该间隔多个空格）。

（6）材料勿折叠、勿用订书器，方便扫描以便阅读。

（7）引用招聘要求中的关键词，以提高阅读兴趣。

第八章　大学生就业能力提升方法

第一节　就业信息的搜集和处理

就业信息是指求职者通过某种途径获得，并经过加工整理，能被求职者理解，并对其求职择业有价值的新消息、知识、资料和情报。大学生能否顺利就业不仅取决于整个社会的政治、经济状况及自身的能力素质，也取决于其是否拥有就业信息。因此，积极主动地搜集就业信息，认真细致地分析处理就业信息，科学有效地利用就业信息，方能获得求职择业的主动权，从而把握最佳的就业机会。

一、就业信息对大学生就业的作用

就业信息在大学生择业的过程中发挥着至关重要的作用，具体表现在以下 4 个方面。

（一）有助于找准自己的位置

不同时期、不同地区，就业政策会有一定的差异，社会对不同专业的毕业生也有不同的需求。大学生必须根据国家及地区的就业政策和社会需求状况，适时调整自己的就业期望，并制订有针对性的择业计划。就业信息能帮助大学生在择业过程中有的放矢，有效地减少就业盲区。

（二）有助于顺利解决就业中遇到的问题

大学生在择业过程中可能会遇到各种各样的问题：如何签订就业协议，如何办理解约手续，如何办理出国手续，毕业离校时还没有找到接收单位该怎么办，如何办理改派手续……对于这些问题和可能发生的情况，各省毕业生就业主管部门和各高校制定了一些相关的文件和规定。毕业生熟悉或了解这些信息，就能清楚地知道在各种情况下该如何应对，避免出现事到临头不知所措或凭自己的想法去应付的情况。

（三）有助于利用有效信息找到理想的工作

在择业过程中，大学生通过各种渠道搜集就业信息，从中筛选出符合自身条件并且自己满意的用人单位，再通过多种渠道与用人单位联系，从而达成就业意向，最后签订就业协议。这种落实就业单位的方式与毕业生漫无目的地到处递送个人简历比较起来，具有针对性强、成功率高、省时、省力、花销少等优点。

（四）有助于适时调整自己的知识技能

大学生可以通过搜集到的就业信息的要求来发现自己的不足，及时调整自己的知识结构，提高自己的能力。一旦发现自己在哪方面存在缺陷，就应该去参加相关的补习，进行相应的训练，主动学习和掌握相应的技能，使自己在择业过程中拥有更强的竞争力。

除了在大学生就业方面发挥重要作用外，就业信息还对高校的学科、专业建设有着重要的参考价值。在大学生就业市场竞争日益激烈的情况下，高校各学科、各专业毕业生的就业形势直接与市场需求挂钩。各专业毕业生的就业落实率和就业层次与该专业的社会需求量密切相关。一般来讲，就业率和就业层次高的专业，社会需求量就大。因此，就业需求信息可以直接反映出市场和社会对各专业的需求度与认同度，也就是反映出专业的"冷"与"热"。

二、就业信息的分类

（一）就业政策信息

就业政策信息包括国家（中央、国务院及各部委）和地方（各省、自治区、直辖市的相关部门）制定的与大学生就业相关的法律法规、规章制度以及部分行业从业规定；另外，还包括大学生所在的高校关于毕业生就业的相关管理规定。如《中华人民共和国劳动法》《普通高等学校毕业生就业工作暂行规定》等法律法规；部分城市接收高校毕业生的特殊规定；高等学校制定的关于大学生就业的各种通知、规定等文件；大学生报考国家公务员和大学生入伍相关政策等各类信息。

可见，政策信息多半是规范大学生就业的文件和规定，它对大学生就业过程中可能遇到的问题进行了细致的规范。因此，大学生了解和掌握这些政策信息是十分必要的。

（二）就业形势信息

就业形势信息包括中央和地方有关部门（特别是毕业生就业主管部门）发布的高

校毕业生就业人数、供需比、签约率、待就业率等统计性的数据以及就业环境的变化、相关专业毕业生的就业状况、就业趋势预测等信息。了解和掌握这些信息，对大学生正确判断当前就业形势、构建合理的就业期望是非常重要的。教育部、各省毕业生就业主管部门和相关媒体一般会在每年 9 ~ 12 月公布当年全国和地方以及部分高校毕业生的就业情况。搜集这些信息，对于进行就业准备的大学生来说是非常重要的。

（三）社会需求信息

社会需求信息即用人单位发布的对用人的专业、学历层次、个人能力和需要人数等方面的信息。可以说，社会需求信息是就业信息中的主体，它直接影响着高校毕业生能否找到自己满意的单位，也对高校毕业生就业落实情况有很大的影响。因此，社会需求信息历来受到学校、毕业生和家长的广泛关注。

需要注意的是，社会需求信息具有明显的阶段性特点。高校毕业生就业工作的启动时间一般是在每年的 11 月 20 日左右。一些国内外知名高新技术企业和三资企业因用人机制灵活，招选毕业生的工作启动较早，所以，在每年 11 月下旬到当年年底的一段时间里，这类单位的需求信息较多。次年 1 ~ 4 月，高校毕业生和用人单位的双向选择活动达到高峰，各地的供需见面会、双选会也频繁召开，各种类型单位的需求信息量也达到顶峰，有时一所高校一天内就可以收到几十家单位的数百条信息，其中尤以机关、事业单位和国有大中型企业的需求信息为主。进入 5 月后，大部分大学生已与用人单位签订了就业协议或达成了就业意向，所以，社会需求信息数量大为减少。

（四）就业指导信息

就业指导信息包括普遍的就业指导理论、方法、技巧，以及职业指导专家或机构对就业共同性问题发表的评论、咨询和建议等方面的信息，也包括学校发布的一系列就业指导方面的信息。这些信息对高校毕业生准确把握就业形势、掌握就业技巧具有重要意义。

三、获取就业信息的途径

就业信息的获取其实是寻找工作机会的一个阶段。因此，如何获取就业信息在大学生求职择业过程中非常重要。大学生必须做好收集需求信息的准备。高校毕业生就业信息的获取主要通过以下 5 个途径。

（一）政府管理部门及学校就业指导机构

通过政府管理部门发布的决议、决定、规定、意见等来获取就业形势、就业制度、就业政策、就业法规等方面的信息，通过学校就业指导机构获取就业指导信息和用人信息。通过这种途径获取的信息多为指导性的。

（二）人才市场

通过观摩、参加"双选会""招聘会""就业市场"等方式了解社会需求、就业形势、用人单位对大学生素质要求等方面的信息。通过这种途径获取的信息比较直观。

（三）大众传媒

通过报刊、广播、电视、互联网、电话等途径获取就业方面的信息。这是最容易获取信息的途径，但这种信息的使用者较多，竞争也更激烈，成功率一般较低。

（四）各种社会关系

通过亲戚、朋友、老师、同学、校友、邻居等人脉资源获取就业信息。通过这种途径获取的就业信息比较准确、迅速且有效性高。

（五）社会实践活动

通过自己的实习、业余兼职、参观考察、社会调查等途径获取就业信息。这类信息通常都是大学生通过积极探索和认真思考而获取的，针对性更强，实用性更高，成功率更大。

四、就业信息的处理

就业信息的处理过程实际上是一个求职决策过程，这是择业的关键所在。大学生在广泛搜集就业信息的基础上，要结合自己的实际情况，依据国家和地区的政策和法规，对获取的原始信息进行有目的、有针对性地归纳、整理、分析和选择。

（一）鉴别获取的信息

由于所获取的信息不一定都是全面、准确的，因此大学生要对就业信息进行严格的鉴别和判断，并加以筛选和剔除，使之更好地为自己的求职择业服务。鉴别就业信息，首先要确定就业信息的可靠程度，对于不可靠的就业信息要通过各种信息渠道和知情人士去确认；其次，要鉴别就业信息的内容是否齐全，特别是发现信息没有自己想要了解的细节或者描述得不清楚时，要抓紧时间进行考察，询问一些情况，或通过其他渠道了解，还可以在应聘时向面试官提出。总之，要等信息基本准确之后再做决定。

（二）按照自己的标准将信息排序

在信息加工之前，大学生应先草拟一个职业选择提纲，确定择业标准；再按照标准进行初选，即去粗取精，去伪存真；然后进行细选，把较符合自己的信息选出来；最后进行精选，选定两个以上的信息作为应用信息。对应用信息，也要进行排序，要有主次之分。

（三）反馈信息

将已排序完毕的应用信息，按从高到低的顺序反馈给用人单位，表达自己去该应聘单位的诚意。反馈信息可以是一个，也可以是两个以上（在时间紧迫时这样做，但同时接到两个以上单位的面试通知时，对不想去的单位必须及时给出反馈意见，并表示歉意）。信息一旦反馈后，应多与用人单位联系，随时听候答复。

五、警惕求职路上的陷阱

在大学生就业过程中，作为求职者的大学生通常处于弱势，要当心急于找工作的迫切心情被不怀好意的人利用而谋取利益。为帮助求职者识别不法招聘的种种伎俩，避免个人权益受损，这里列举 4 种典型的招聘陷阱。

（一）收取各类押金、培训费、上岗费

目前，常有一些单位以招聘为幌子骗取钱财。当求职者前去应聘时，便以"押金""培训费""上岗费""信息费"为名义收钱，为了取得求职者的信任，这类单位会编造出种种"正当"理由，常见的伎俩有以下几种。

（1）"先培训，后上岗"。不法招聘单位在招聘时告诉求职者，要上岗得先通过培训，培训合格拿到证书后才能上岗。而当求职者交了培训费、考试费、证书费等各种费用，并参加了所谓的培训后，他们要么迟迟不安排工作，要么以培训未达到要求为由安排一些让求职者根本无法接受的工作令求职者不得不辞职。

（2）"要上岗，先交风险抵押金"。在收取所谓的"风险抵押金"时，不法招聘单位也有种种理由，比如：因工作性质要经常给外地客户发货，为防止将货物据为己有或出现重大失误，需要求职者先交风险抵押金；或说为防止求职者毁约需要先交风险抵押金，等等。等求职者交完风险抵押金，按约定时间去上班时，才发现招聘岗位根本不存在。

（3）"按有关规定收取信息费、资料费"。不法招聘单位在招聘时以"有关规定"的名义收取信息费、资料费，等招聘结束后便携款潜逃。由于这类费用的数额一般较小，求职者发现上当后觉得只吃了一点儿小亏，通常就不了了之。

特别提醒：按照国家有关规定，任何用人单位在招聘时不得以任何名义向求职者收取钱财，求职者遇到用人单位要求缴纳各种费用时，即使对方可以出具发票、收据，

也千万不能交钱（合法中介机构收取适当中介服务费不属此类）。另外，求职者一旦发现招聘单位有可疑之处，可要求查看其营业执照。

（二）非法职业中介

非法职业中介主要是指未经劳动行政部门、工商部门等批准而从事职介、中介的非法机构。非法职介通常打着介绍工作的幌子向求职者收取中介费、资料费等费用，却迟迟不能介绍工作，待求职者发现自己上当受骗时，交出去的钱很难再拿回来了，等劳动保障监察部门接到举报前去查处时，非法职介多已人去楼空。非法职介的惯用伎俩有以下3种。

（1）打着"咨询公司""顾问公司"的旗号，以"直聘"或"非中介""拒绝中介"为诱饵使求职者"上套"。

（2）用"美丽的谎言"来骗取求职者的信任。非法职业中介往往信誓旦旦地向求职者保证可以在很短时间内帮助求职者找到待遇很好的工作，还经常拿出诸如"某某公司急聘的职位表"或"中介服务承诺书"之类的道具。

（3）与用人单位勾结，用虚假、过期信息蒙骗求职者。非法职业中介有时为了假戏真做，甚至找用人单位做"搭档"，通过提供过期或虚假的招聘信息来行骗。

特别提示：目前，国家在职业介绍领域实行行政许可制度，从事职业介绍业务必须经劳动行政部门批准，领取职业介绍许可证，营利性职业介绍机构还需在工商部门登记注册。目前，市场上非法职业中介有些是无证无照经营，有些是超范围经营。正规的职业中介机构通常具有以下5个特征。

① 在办公场所的醒目位置悬挂营业执照和职介许可证原件。

② 对服务项目和收费标准等一一明码标价。

③ 公示劳动保障监察机构举报受理电话。

④ 收费时出具由税务部门监制的发票，发票上所写收费条目与实际服务项目相符。

⑤ 服务人员持证上岗。

（三）"高薪诚聘"

一些"高薪诚聘"的背后是不良职业的陷阱，行骗的对象主要是外地求职者和涉世未深的大学生。从表面上看，这类招聘似乎不设门槛，面试程序也非常简单，而且待遇丰厚。其目的是使求职者尽快"入套"，求职者一旦掉进这类陷阱，损失的不仅是钱财，还可能被误导从事非法的"地下职业"。

特别提醒："高薪诚聘"虽然充满诱惑，但求职者一定要牢记"天上不会掉馅饼"。

（四）"注水"招聘信息

这类招聘信息中有许多"浮夸"的成分：名为招聘会计，实则招聘业务员；明明只有一个空缺职位，广告却说要招聘 5 人等，种种"注水"招聘信息让求职者深受其害。这类公司不直接收取求职者的钱财，却变相让求职者免费为其提供劳动，或通过招聘向求职者销售产品。这类骗局往往更加隐蔽，求职者识破这类骗局需要的周期也较长，且求职者受骗后也难以收集证据，有关部门监管也比较困难。目前比较普遍的"注水"招聘方式有以下 3 种。

（1）名不副实。这种用人单位只缺 1 人，广告却说要招聘 5 人；面试承诺月薪 5 000 元，背后却有难于登天的条件；招聘岗位名不副实等。

（2）先购产品后上岗。这种用人单位在面试后与求职者约定：必须先购买一些它们的产品，并要求在规定时限内全部推销出去，这样才能证明求职者能"胜任工作"，否则，就被视为不符合招聘条件，有时甚至在招聘现场准备了一些"托儿"。

（3）试用期永远不合格。这种用人单位在面试后通常不马上与求职者签订任何有效的书面劳动合同，只是口头承诺，待求职者工作一段时间后才付给极低的报酬，并以"试用考核不合格"为由解雇求职者。

特别提醒："注水招聘"虽然隐蔽，但往往有以下 4 个破绽。

① 招聘广告过于简单，没有岗位职责和应聘条件。

② 面试极为草率，面试官似乎对求职者的专业、能力不感兴趣。

③ 刚面试完就告知求职者被录用，但却迟迟不签订劳动合同，被录用的岗位也与应聘的岗位不相符，还向求职者提出各种不合理的要求。

④ 双方口头或书面约定中有明显不公平的条款。

总之，大学生在求职过程中，既要主动出击，又要"多个心眼儿"，警惕各种欺骗行为，积极维护自己的合法权益。

第二节　择业技巧

什么是工作？工作就是给人们提供一个发挥和提高自身才能的机会，通过和他人一起共事，克服自我中心的意识并得到心理满足，获得生存所需的产品和服务。这就是说，要生存，而且要生活得好，都必须要工作。在竞争激烈的现实社会中，人人都想成功地立足于社会之中，个个都想找到充分发挥自己特长、能获得较高报酬的工作单位。可是，有许多大学毕业生，虽然拥有较高的学历和丰富的知识，但由于初次择业，经验不足，缺乏必要的求职择业技巧，很难如愿以偿。求职择业是一门学问，也是一门艺术，有许多技巧。所以，要想找到一份理想的工作，学习一些求职择业方法，掌握一定的求职择业技巧是很有必要的。

一、个人与职业匹配的原则

（一）性格与职业匹配

专家认为，根据性格选择职业，能使自己的行为方式与职业要求相吻合，能更好地发挥自己的聪明才智和一技之长，从而得心应手地驾驭本职工作。

（二）兴趣与职业相匹配

如果一个人选择的职业与自己的兴趣吻合，枯燥的工作也会觉得丰富多彩，并会给自己带来工作的动力。但个人的兴趣爱好只能作为职业选择的重要依据，而不是全部。

（三）能力与职业匹配

每个人的能力不同，而不同的职业对从业者的能力也有不同的要求。随着社会的发展，社会分工越来越细，各种职业对人们的技能提出了更高的要求。大学生在择业时，要选择适合自己能力、能充分发挥自己特长的职业，注意不要把兴趣误认为特长。

（四）气质与职业匹配

在现实生活中，许多人不能做好自己的本职工作，究其原因，并不是他们的能力问题，而是因为他们的气质与所从事的工作不相适应。人的气质具有先天性和稳定性，它对一个人所从事的职业活动虽然没有起决定性作用，但会对从事的职业性质和工作效率产生影响。

（五）价值观与职业的匹配

不同的人对职业特性可能有不同的评价和取向，职业价值观往往决定了人们的职业期望，影响着人们对职业方向和职业目标的选择。

二、求职技巧

（一）适当推销自己

求职者在求职的各个环节要多动脑筋，把自己优秀的方面展现出来，恰到好处地张扬自己的特点和优势，让面试官特别注意你，并留下良好印象。但记住，智慧不等于要小聪明，这个"恰到好处"就意味着既不要"王婆卖瓜"，也不要谦虚过度。

（二）有的放矢、适度包装

针对不同用人单位的要求，准备针对性较强的材料，强调自己与所应聘岗位相关的知识能力和专长经验，让用人单位觉得你就是最理想的应聘者。同时，包装已成为当代大学生在求职过程中推销自己的重要手段。适度的包装可以更有效地提升自己的地位和形象，但过度的包装却会使人反感。包装包括两方面：一是自荐材料的包装，应注意按照不同类型的职位准备不同形式的材料，一般可分国家公务员、学校教员、公司职员三类；二是对自身的包装，主要是着装打扮上要求大方、得体、规范。

成功的应聘策略是：实力＋包装＋推销技巧。

（三）诚信为本

诚信是指既要客观展示自己的优势和强项，又能正视自己的缺点和不足。其实用人单位并不会太在意求职者的缺点和不足（致命的缺点除外），主要是看求职者的发展潜力和对待问题的态度。

（四）积极主动

就业信息都有很强的时效性，大学生在对就业信息进行充分论证后应主动出击，并做好各方面的准备，否则会错失良机，正可谓"机不可失，时不再来"。如：不等对方索要，主动呈交；不等对方提问，主动介绍；不消极等待回复，主动询问。这样给人的感觉是：态度积极，求职心切。

（五）重点突出

在介绍自己的情况时要重点突出自己的知识能力和与众不同的优点，还应有一定的举例说明，体现在所表达的语言之中。

（六）出其不意

出其不意是指通过与众不同的方式求职。

三、电话求职注意事项

随着通信手段的发展，电话求职已成为一种新时尚。电话求职不仅可以起到"先声夺人"的效果，还可以节省时间，避免求职的盲目性，增加面试机会，提高求职效率。在电话求职时应该选择并控制通话时间、准备通话要点、做好通话记录、注重礼貌及通话方式。具体应注意以下 6 个方面。

（一）调整好心情并做好相应准备

电话求职时应该准备一些应聘理由和自我推销的说辞，以求职者的角度通电话。通常，单位会在通话时要求求职者寄履历表，甚至在电话中就进行第一关——电话面试，然后决定是否进一步面谈。如果求职者把电话求职想得太轻松，太简单，一旦突然被问到应聘的动机、工作经验等问题时，恐怕会因为没有准备好而无法回答得令人满意。另外，最好准备好纸和笔，方便记录一些问题。

（二）选择适当的通话场所

电话求职尽量选在安静的地方进行，如果一定要在外面打电话，也应选择相对安静的环境。在吵闹的大马路或热闹非凡的酒吧里都不适合，在这些地方通话除了听不清楚之外，也容易让人烦躁。

（三）选择好通话时机

不要在对方可能忙于处理其他事务时打电话；下班前半小时不宜打电话；午休时间打电话影响他人休息，是不礼貌的，效果也不好。一般应选择上班时间打电话，在上班后半小时内打求职电话，效果最为理想，这有利于强化对方对你的记忆和印象。一般不宜在临近下班时打电话，否则可能会影响对方的情绪和通话效果。还有，如果估计通话时间较长，应该事先打电话预约一下。

（四）准备好通话内容

作为求职的一种方式，打电话的根本目的就是争取面试机会，因此，电话求职时应一切都要围绕这个中心来准备通话的内容。需要准备的内容包括，要告诉对方哪些有吸引力的信息，预期的结果可能是什么，自己可能会碰到什么阻碍，怎样处理意外事件，如何提出与对方会面的要求等，整理一下思路后再拨通电话。电话接通后，按事先拟好的纲要，逐条讲述。求职电话一般应首先进行自我介绍，询问对方是否需要人，要用什么样的人，或直截了当询问招聘广告中不明白的相关事宜。此外，手头上应准备一些必要的求职材料，以便准确回答对方的提问。

（五）把握好表达方式

既然应聘者决定打求职电话，说明其对用人单位有诚意。电话接通后，应有礼貌地核实对方单位的名称，说出要找的人的姓名。如果对方就是要找的人，应先问候，然后谈话；如果对方不是要找的人，应有礼貌地请求对方转接给要找的人；要找的人如果不在，求职者应主动请接电话的人把自己的姓名转告要找的人。若需要要找的人回电话，应告知其电话号码。如果有需要他人转告的事情，要礼貌地请求对方记下。通话时，应注意语言、语调和语气，要表现出令人愉悦的气质，要热情、坚定、自信，咬字要清楚；音量要适中，以对方能听清楚为准；不要过分客套，不要含糊其辞。通话结束时，应该礼貌地说声"再见"。听到对方把话筒放下，再把电话挂掉。这是通话结束的信号，也是对对方表示尊重，

（六）加深印象

打电话求职，认真是原则，但不妨来点儿幽默，这样可以给人留下开朗、活泼、朝气蓬勃的印象，不过不能轻浮、油腔滑调，应把握好"度"。打电话应语言组织连贯，不用"这个、那个"之类的口头语，也不可精神紧张、结结巴巴。要尽量用普通话，使接电话人听得清、记得准。谈话语速要保持适中，不急不缓，因为说话从容往往给人以稳重、可靠的印象。说话要对着话筒，音量不要太大，也不要太小。吐字要清楚，语速比平时略慢一些，语气要自然，当对方不够热情时，打电话更要注意语气和声调。

第三节　面　　试

面试是通过面对面的交流来考核应聘者的一种方法，普遍存在于目前的大学生就业市场中，是大学生应聘过程中的关键一步，是关系到大学生能否顺利签约的重要环节，也是大学生在一系列求职过程中最"望而生畏"的一个环节。尽管面试的形式多种多样，但目的只有一个：考察应聘者的背景、智商、情商、仪表、气质、性格、兴趣、专业、特长、能力、品质、口才、形象等综合素质，其中又主要考量应聘者的潜在能力和情商，并据此判断应聘者是否为最合适本单位的人才。因此，可以说面试是对大学生进行综合素质测试，是选择合适的人到合适的工作岗位的方法，而不是考量人的优劣过程。

一、面试的类型及内容

（一）面试的类型

1.结构化面试

这种面试的目的在于去除偏见，帮助用人单位做出客观的决定。结构化面试由面试官掌控全过程，他会按照事先设定的考核标准精心设计问题，制定标准的评判或计

分方法，然后对应聘相同职位的应聘者进行相同问题的测试或谈话，以此考核应聘者的知识、能力、经验等，并做出相应评价。结构化面试属于常规面试，被众多用人单位采用。

2. 非常规面试

结构化面试之外的其他面试方式均可视为非常规面试，常见的有以下 5 种形式。

（1）自由化面试。由面试官海阔天空地与应聘者自由漫谈，就像拉家常一样，使应聘者得到充分放松与自由发挥，达到了解其真实水平的目的。

（2）压力式面试。面试官有意识地向应聘者施加压力，或针对某一问题进行一连串发问，刨根究底，使应聘者疲于应付，十分被动；或故意为难应试者，使其陷入难堪的境地，以此考察应试者承受挫折的能力、随机应变的能力及心理素质等。

（3）即兴演讲式面试。采取现场抽签的方式，让应聘者进行即兴命题式演讲。从应试者抽到演讲题开始准备到完成演讲，一般不超过 15 分钟。演讲时间一般为 5 分钟左右。这种面试主要考察应聘者的语言表达能力、思维敏捷性、逻辑性、知识渊博性等。产品销售员、公关人员、教师等职业领域较多采用即兴演讲式面试。

（4）角色模仿面试。由应聘者现场模仿应聘岗位的角色，据此判断应聘者的学习能力、语言表达能力、公关活动能力、业务水平、随机应变能力，还有对应聘岗位的认识程度、理解程度以及是否能胜任工作。

（5）情景式面试。设想某种场景，由应聘者在该场景中扮演某种角色去完成某项任务，据此判断应聘者的反应能力和随机应变能力。

3. 评价中心

评价中心是一系列考核方式的综合，是一些专业化程度较高的外资企业通常使用的方法。这种面试包括在公众面前的个人演讲、辩论、无领导的小组讨论、团队创建游戏等，其测试目的是考核应聘者的适应能力和在一个全新的、毫无准备的情境中处理问题的能力。

4. 无领导小组讨论

由一组应聘者组成一个临时工作小组，讨论给定的问题并做出决策。在这种面试中，面试官要么不给应聘者指定特别的角色，要么只是给每个应聘者指定一个彼此平等的角色，并且既不指定谁是领导，也不告诉应试者应该坐在哪个位置，而是让所有应试者自行安排、自行组织，主试人只是通过所安排的讨论题目，观察每个应聘者的表现，从而对应聘者的素质水平、能力做出判断。这种面试的目的是考核应聘者的领导能力、组织协调能力、口头表达能力、说服力、洞察力以及处理人际关系的能力。

5.一对一的个别面试

这种面试经常应用于第一轮面试中，其目的不是为了找出期望中的人选，而是通过对应聘者所具备的知识技能和经验等进行初步的了解与核实，剔除一些素质较差的应聘者。

6.多对一的主试团面试

由人力资源部经理、业务部门经理以及将来有机会与应聘者共事的同事等多人组成面试团，对应聘者的人格特质、业务素质、行为风格等进行考核。应聘者要就面试团成员的所有提问进行回答，并要注意与他们之间的沟通，不能忽略其中任何一个人的问题。等面试结束后，面试团会综合所有成员的意见给应聘者一个评价。

7.多对多的小组面试

面试官和应聘者都是多人，面试官多人从不同角度轮流对一个应聘者提问，并要求其他应聘者对同一问题依次进行回答，从而对应聘者进行比较和权衡。通过这种方式的面试，面试官通常是想了解应聘者与团队互动的情况、每个应聘者在团队中的角色如何、谁会在团队中以领导身份出现等。注意，考虑周到、机智表现很重要，但是不要独占会谈场面。

8.远程视频面试

远程视频面试是运用现代网络技术手段，通过网络视频进行远程面对面交流的面试方式。

（二）面试的内容

1.自我介绍

这是应聘者与面试官建立互动关系的第一步，在 2 ~ 3 分钟的陈述中，面试官将对应聘者的精神风貌、表达方式、对工作的渴望态度等情况进行初步判断，形成至关重要的第一印象。

2.背景陈述

面试官将通过这部分重点考核应聘者是否具备与未来工作要求相符或者略有超越的基本能力。

主要问题包括以下几种：

为什么选择本单位（组织）作为职业生涯的起点？

你的职业目标是什么？

概述以往的经历，并谈谈你从这些经历中获得了哪些经验和教训，它们对你应聘的岗位有哪些直接或间接的帮助？

你是否喜欢自己大学期间的专业课？

你认为自己从事的哪项课外活动最有价值？

你有哪些领导经验？

你有什么理由认为你是最符合这项工作要求的候选人？

你认为要在这个领域获得成功需要具备哪些必备的个人品质？

你未来5年的职业发展规划是什么？

你的优点和不足有哪些？

你是如何与老师和同学相处的？

……

如果面试官是你应聘职位的部门负责人，也可能对你的专业背景进行"刨根问底"的提问，可见这部分问题的核心就是"为什么要雇佣（聘用）你"。如果你所有的答案都围绕这个核心问题进行明确、肯定和有说服力的回答，即使不是最"准确"的，也一定是最"正确"的答案。

3. 交流讨论

这是任何一个面试过程中最关键的部分，面试官试图把应聘者的资质和职业兴趣与单位（组织）可能提供的职位进行有机对应。这部分的讨论内容可能是应聘者未来工作中会遇到的难题，也可能是貌似与工作无关的宏观战略问题。显然，应聘者如果没有对职位充分了解，没有对应聘单位惯用思维方式和表达方式熟悉，是很难回答好这类问题的。因此，任何一次与面试官进行的富有建设性和吸引力的对话，都是建立在对那些自己有兴趣并有信心做好的工作充分调查的基础上的，这样才能让面试官相信，你正是他们在竭力寻找的最佳人选。同时，在这一面试阶段，应聘者还可以结合面试官没有涉及或是涉及不充分的与工作相关的问题，与面试官进行交流。

4. 结束阶段

一般情况下，面试官会利用面试的最后几分钟时间对单位再次进行简单地介绍，解答应聘者仍然不太清楚的问题，同时说明应聘者将在什么时候得到面试结果，并介绍接下来的考核方式。

面试评分参考标准：思维能力（15%）；语言表达能力（15%）；责任感和进取心（20%）；计划组织能力（15%）；人际合作能力（10%）；应变能力（10%）；个性稳定性（10%）；举止仪表（5%）。

二、面试的准备

面试是大学生通往自己心仪单位的必经之路。所谓"不打无准备之仗"，那么，在面试前应该准备些什么呢？可从"硬、软"两方面着手。

（一）硬件准备

1. 推荐材料的准备

面试之前根据用人单位的特点和要求准备几种格式的推荐材料，确保面试官想看什么，你就有什么。

2. 个人形象的准备

面试前应该准备一套合适得体的职业装，男性最好是深色西装，配同色系或互补色系的衬衫，还要系上领带、穿皮鞋。女性可以选稍休闲的职业装，若是裙装要穿丝袜、合适的高跟鞋。另外，保持良好的举止也是能够为面试加分的，比如站姿、坐姿、眼神、表情等都要规范。穿着打扮既能反映一个人的修养，也能反映应聘者对面试官和用人单位的尊重。一般情况下，衣着不整、蓬头垢面会被认为邋遢，而过于超前的打扮又会被认为不成熟和不可信任。

3. 纸、笔、证件的准备

面试之前一定记住准备好用于面试时记录的纸和笔，并准备好用于证明自己身份和优秀素质的相关证件、证书，包括学生证、身份证、毕业证、相关荣誉证书、发表的各类作品等，最好将相关证书、作品等复印件整理装订成册，并带上原件。

（二）软件准备

（1）"知己知彼"。一方面，尽可能详细了解用人单位的情况，包括组织内部情况和组织外部情况两方面。组织内部情况又包括发展历史和最新动态、发展目标与组织文化、单位领导人的姓名、单位规模与行政结构、服务内容与类别、财政状况、绩效考核体系、培训体系、薪酬体系、正在招聘的职位及能力要求等；组织外部情况包括服务对象的类型及规模、组织的公众形象与社会评价、主要竞争对手的情况等。另一方面，尽可能全面了解自己，包括基本情况、教育背景、知识结构、专业水平、组织管理能力、兴趣爱好、社会经验、公众评价、主要优缺点等应聘理由。

只有知己知彼，才能在面试中胸有成竹、言之有物，增强面试的针对性和说服力。

（2）加强面试技巧的培训，特别注意语言表达能力和随机应变能力的训练，虚心听取他人意见。

（3）保持良好的心态，努力克服紧张心理。既要充分认识到求职竞争的激烈、残酷和困难，又要充分树立战胜自我、战胜他人的必胜信心；要敢于正视失败，勇于丢掉思想包袱，轻装上阵，畅所欲言，不要患得患失；既不能把面试机会看得过轻，抱着无所谓的态度，不屑一顾，又不能将其看得过重，背上沉重的心理负担和思想包袱；要在战略上藐视"敌人"，在战术上重视"敌人"。

（4）复习并组合面试中可能考核的知识技能。根据目标单位和目标岗位的不同，语言也不尽相同，所以面试前应该对投递的简历进行回顾，重新熟悉内容，特别是在个人介绍部分要突出个人与职业的匹配度，让面试官相信你确实有可用之处。做好这些工作后，可以请一位有经验的朋友、同学或老师扮演面试官，对面试进行必要的模拟演练，对一些可能提到的问题进行预先熟悉，以便面试时能更好地发挥。

尽量避免有亲朋陪同参加面试，这是缺乏自信的一种表现，也是容易被面试官淘汰的重要一条。

如果可能，最好能了解面试官的基本情况，这会对面试有一定帮助。

三、面试各环节的把握

（一）做好自我介绍，留下良好而深刻的第一印象

好的开端是成功的一半。自我介绍要求求职者清楚说出自己的基本情况，内容以2～3分钟为宜，做到思路清晰、重点突出，不要重复简历上的内容，主要陈述自己的强项、优势、专业知识技能、成就等情况，突出自己能为应聘单位做什么贡献。

1.自我介绍中常见的问题

（1）准备不足，匆忙上阵。有些应聘者由于事前准备不足，连如何介绍自己，应介绍些什么，哪些应重点介绍，哪些做一般介绍等，都是一头雾水，甚至连应聘职位情况、用人单位情况、面试官情况等都一无所知，更有甚者连自己都不清楚自己到底有何兴趣、能力、特长，又怎能做好自我介绍？

（2）缺乏信心，紧张不安。有些应聘者由于缺乏自信，或把面试看得过重，心理负担太重，因而导致心理紧张，坐立不安。有的浑身颤抖，有的语无伦次，还未做自我介绍，就先败下阵来。

（3）夜郎自大，盛气凌人。有些应聘者自以为自身条件好，根本不把用人单位放在眼里，不屑一顾，一副盛气凌人、趾高气扬的样子。自我介绍尚未开始，就被面试官判了"死刑"。

（4）不懂礼仪。

第一，不能正确使用称呼语。有些应聘者不能主动热情地向面试官打招呼，在做自我介绍时不知如何称呼面试官。

第二，语气粗俗，出口成"脏"。有些应聘者不注意平时的修养，在做自我介绍时，语言低级庸俗，甚至不堪入耳，令人反感。

第三，不讲卫生，打扮不得体。有些应聘者不修边幅，如衣服脏，皮鞋上面全是泥土、污垢，蓬头垢面。

（5）过分夸耀，口出狂言。有些应聘者在做自我介绍时，大量使用带有夸耀色彩的词语，言过其实，过分炫耀自己。如"希望我这匹千里马能被伯乐相中""我将以我100%的工作能力加200%的亲和力加300%的社交能力加400%的创造力，努力酿造出500%的成果""您给我一个机会，我将给您一个奇迹""我认为我是最好的，如果不录用我，你们会后悔的"等，不胜枚举。

除此之外，常见的错误还有：大话、空话、套话连篇，有用信息少；演讲稿似的背诵；抒情散文一样的说辞；语言单调；思维混乱，颠三倒四；吐字不清，音量不当；面无表情，呆若木鸡，这些都严重影响了自我介绍的效果。

2. 抓住机会，充分展示自我，做好自我介绍

（1）树立信心，礼貌谦和。应聘者在自我介绍时要做到：满怀信心，精神饱满；沉着冷静，不慌不忙；面带微笑，彬彬有礼。礼貌谦和是中华民族的传统美德，也是在求职面试过程中博得面试官好感的行为。应聘者在面试过程中要尽量使用尊敬与谦虚的语言，要使用尊称，如"尊敬的领导，您好"。称呼要得体，不要用"大家好""考官们好"一类的问候语。

（2）重点突出，有的放矢。个人基本情况要讲清，重点要突出，如姓名、毕业学校、所学专业、本专业年级或班级排名（成绩排名、综合排名）、获奖情况、任职情况、社会实践等基本情况要讲清楚，不能省略。个人优点、能力、特长或特色要突出，要有鲜明的个性。要根据用人单位的需要和应聘职业（岗位）的要求，有针对性地进行自我介绍。

（3）要用事实说话，事实胜于雄辩。要注意用事实说话，用真实可靠的数据说话，事实一定要具体，要有说服力。如"多次获得奖学金""多次参加社会实践活动"等描述难以令人信服，而要说明"何时获得几等奖学金""何时何地参加何种社会实践活动、有何收获"等。忌大话、空话、套话连篇，有用信息少。

（4）尽量少用或不用形容词、副词，多用动词。由于自我介绍注重用事实说话，因此，不宜使用"很好""非常好""极大""一切""深入""很强""很高""非常高""各种""丰富""渊博""精彩""精通"等形容词或副词,要大量使用"获得""学习""操作""创造""参加""从事""担任""熟练""进行""掌握""组织""参与""得到"等动词,使用动宾结构的话语更有说服力。

（5）尽量少用或不用模糊语言。自我介绍要令人信服,就必须用较为肯定的语言（气）说话,一般不使用模糊语言,要用"是""确定""一定"等判断词,给人以可信感。

（6）语言精简,把握时间。一般自我介绍时间为3分钟左右,很少超过5分钟。自我介绍时间长短,往往与应聘者人数、面试官性格、动机等因素有关。如应聘者人数众多,则自我介绍时间会相应缩短;如应聘者人数较少,则自我介绍时间会相应较长。

（7）思路清晰,层次分明。先讲什么,后讲什么,哪些该讲,哪些不该讲,哪些应多讲,哪些应少讲,都要做到心中有数,有条不紊。

（8）热爱单位,信念坚定。表明对应聘单位的热爱之情,对应聘岗位的热爱和向往之心,以及为之奋斗终生的坚定信心和决心。

（9）抓住机会,巧用赞美。俗话说:"良言一句三冬暖,恶语伤人六月寒。"

（二）注意面试过程中的礼仪礼貌,确保面试的圆满完成

1.仪表端庄、衣着得体

衣着要求:质料不易皱褶,剪裁合身,款式朴素、简练、精干;男生宜穿西服,女生宜穿裙装,不宜穿紧身衣服、太暴露的衣服、牛仔装;男生衣服颜色以黑、白、灰三色最保险,女生着装以不超过三种颜色为宜。

发型要求:整齐、干净、有光泽,不宜太新奇。

鞋袜要求:鞋面洁净、品质好。

饰品要求:男生忌戴首饰,女生耳环不宜太大,尽量不带手镯;最好可以配一文件夹或公文包。

2.遵时守约

这是最基本的职业规范,也是面试官重视的最基本素质。一般应提前5～10分钟到达面试地点,这样一来有充裕的时间调整自己的心态、整理自己的仪表,二来以表示自己求职的诚意。

3.耐心候试

在候试过程中切忌急躁失礼、坐立不安、不停地来回走动、与其他应聘者大声交

谈、试图从门窗探看面试情况等。在被通知进入面试室前要关闭通信工具，在进入面试室时一定要先轻轻敲门，得到允许后方可进入。

4.妙用无声语言

在面试过程中应高度重视握手、眼神、面部表情、坐姿、手脚摆放、喝水、敲门、关门、关闭手机、随身物件的放置等无声语言的使用，达到"此时无声胜有声"的效果。

5.礼貌退场，切莫粗心

一是离开面试室时要礼貌道别；二是离开时要带好自己的所有东西，切莫丢三落四；三是摆放好桌椅。

四、面试聆听及应答的技巧

（一）面试聆听的技巧

听，也是一种学问。据心理学家研究，人的思维速度是说话速度的几倍。一般情况下，说者还没说完，听者也许早就理解了，这时人的思想就容易开小差，表现出心不在焉的动作或神情，而对他人的话听而不闻。可见，善于倾听，成为一个优秀的"听众"，是面试成功的又一个重要方面。

1.全神贯注、用心倾听

面试时精力必须高度集中，切莫分心，要做到耐心、专心。"耐心"要求应聘者在听面试官讲话时，保持耐心，不能表现出不耐烦的神情，更不能东张西望。"专心"要求应聘者全神贯注，始终保持精神饱满的状态，专心致志地注视面试官。在面试官讲话过程中，应聘者可不时发出表示听懂或赞同的声音。如果一时没有听懂对方的话或有疑问，可以适时地提一些有针对性的问题。

2.尊重他人、姿势得当

无论是站着还是坐着，都要让面试官感觉到应聘者是在"倾听"，是最优秀的"听众"，是"知音"。具体表现为：身体要稍微前倾，以缩短与面试官的距离，这样表示对他的话有兴趣；用适当的肢体语言来回答面试官的问题，表明自己的机敏性；同时，还要注意姿势要自然、放松，不要用手捂嘴巴、两手抱着胳膊、双手抱肩、双手在胸前交叉等，这些姿势既不礼貌，也反映出一个人的紧张。

3.适时互动

在面试官讲话的过程中，应聚精会神地注视对方，保持与面试官目光的接触，表示对面试官所谈内容有浓厚的兴趣。如果左顾右盼、目光飘移不定，就显得情绪不安。同时，与面试官要有互动，让面试官知道应聘者在专心致志地听他讲，使面试官对继续讲话保持兴趣。

4. 察言观色、提高敏感度

在聆听面试官讲话时，首先，应高度关注关键的字、词，善于从面试官的话语间找出他想要表达出来的意思，即理解对方的弦外之音；其次，要注意观察面试官对自己的话是否听进去，是否对自己谈话的内容感兴趣；最后，还要细心观察面试官在讲话时的表情及姿势的变化，全面准确地把握面试官讲话的含义。

（二）面试应答的技巧

面试过程中，招聘单位总会提出一系列的问题，正确应对和回答面试中的问题，主要要把握以下 6 个方面。

（1）回答问题要把握重点、简洁明了、条理清楚、有理有据。一般情况下，回答问题要结论在先，议论在后，先把自己的中心意思表达清楚，然后再作叙述和论证。否则，长篇大论会让人不理解要领。而且面试时间有限，多余的话太多反而容易跑题。

（2）讲清原委，避免抽象。面试官的提问是想了解一些应聘者的具体情况，不要简单地仅以是、否作答。针对所提的问题，有的需要解释，有的需要说明程度。过于抽象的回答，往往不会给面试官留下具体的印象。

（3）确认提问内容，切忌答非所问。面试中，如果对面试官提出的问题一时摸不着边际，不知从何答起或难于理解对方问题的含义，可将问题重复一遍，并先谈自己对这一问题的理解，请对方确认内容。对不太明确的问题一定要搞清楚再作答，避免南辕北辙、答非所问。

（4）有个人见解，有个人特色。面试官接待应聘者若干名，相同的问题可能要问若干遍，类似的回答也要听若干遍，只有具有独到的个人见地和个人特点的回答，才会引起对方的兴趣和注意。

（5）知之为知之，不知为不知。遇到自己不知、不懂、不会的问题时，默不作声、不懂装懂的做法均不可取，诚恳坦率地承认不足之处，反倒会赢得面试官的信任和好感。

（6）"二八原则"。在面试中，应聘者说的话应该占 80%，面试官说的话占 20%。在与面试官进行谈话的时候，要适当补充面试官的话。比如面试官说完，你可以接着说："我觉得您的想法很好，我基本上同意您的看法，但是有一个小地方，我跟您的观点不一致，那就是……"

五、常见的面试问题及面试官解析

（一）常见的面试问题解析

面试的问题形形色色，可能涉及学习、工作、生活的方方面面，可归纳为以下几方面，其中很多问题并无标准答案。求职者只要理解了主试者提问的意图，并有针对性地回答，即使答案不是最准确的，也是最正确的。

1. 关于"性格、工作期望、理想"方面的问题

"请简单介绍你自己。"

"请描述你自己的性格。"

"你有哪些兴趣爱好？"

"你在学校中和同学相处得如何？你通常与哪种人相处融洽？为什么？"

"你认为什么人最难相处？你会如何去面对他们？"

"你认为在哪种工作环境中最能发挥你的才能？"

"你有没有制订自己的人生目标？是什么？"

"什么是你选择工作的首选因素？"

"你对5年以后的工作有什么期望？"

"你对自己的事业有什么长远打算？怎样实现它？"

"你认为怎样才算事业成功？"

"你曾如何处理遇到的困难？"

"你认为自己是不是一个有野心的人？"

【问题解析】

A. 前5个问题是用人单位想了解应聘者的基本情况，是否能够与他人和谐相处，主要考察应聘者的处事能力、协调能力、团队精神、是否成熟和宽容。

B. 后面几个问题是用人单位想从中了解应聘者的价值观是否与单位价值观相符，主要考察应聘者对单位的价值观、组织文化有多大程度的认同，以确认应试者能否真正融入单位。这就要求应聘者应该更多地了解单位的相关背景和业务以及行业发展前景等情况。

C. 介绍自己的情况应与简历上的一致，介绍家庭情况主要突出家庭的和睦、家庭对自己接受教育的重视和支持、自己对家庭的责任感。介绍的兴趣爱好应是文明的。

2. 关于"学校生活、学习计划"方面的问题

"你在学校最喜欢和最不喜欢哪门课程？为什么？"

"你认为考试成绩能否反映自己的实际能力？"

"在学校生活中你最难忘的经历是什么？"

"你从课外活动中学到了什么？"

"你有没有继续深造的打算？"

【问题解析】

用人单位从这些问题中能够了解应试者的学习生活和在学校的基本表现，考察应聘者具备什么样的基本素质。在回答诸如所学课程、所参加活动等问题时，最好回答与应聘岗位相关的内容。

3. 关于"应聘岗位与部门"方面的问题

"你为什么应聘这个岗位？"

"你为什么想加入本单位工作？"

"你对本单位了解多少？"

"你了解这份工作的职责吗？哪一方面最吸引你？"

"你认为自己最大的缺点和优点是什么？"

"假如你被录用，将如何开展工作？"

"你为什么认为自己非常适合这份工作？"

"你认为哪些经历会有助于你即将从事的这份工作？"

"你认为在本单位成功发展需要什么样的条件？"

"你还应聘了什么岗位？你若被多家单位录用会如何选择？"

"你能否到外地工作或经常出差？"

"如果工作需要的话你能否加班？"

【问题解析】

A. 通过这些问题能深入了解应聘者的求职诚意、个人素质、职业态度、职业素质，从而判断应聘者是不是单位所需要的人。

B. 用人单位了解应聘者的优缺点，并不是通过它来确定取舍，（除非是致命的缺点）而是从职业发展考虑，想了解应聘者认识问题和解决问题的能力。因此，这就要求应聘者不能就事论事，以适当的语言客观评价自己的缺点的同时，必须提出解决问题的方法。

4. 关于"工作经验"方面的问题

"你有什么工作经验和社会经验？"

"简单描述你参加的一次活动的情况以及活动中你的职责。"

"你从学校和社会的一些实践活动中学到了什么？"

"在你参加的学校和社会活动中，你最喜欢什么？不喜欢什么？"

"在学校和社会活动中你遇到的最大困难是什么？是如何解决的？"

"你认为在学校获得的工作经验能否应付新工作？"

【问题解析】

用人单位希望从应聘者有限的社会经验中衡量有多大成分符合工作需要。因此，应聘者应该强调自己在学校活动和社会实践中得到的经验能够运用到应聘的岗位中。

5. 关于"工作技能、语言能力"方面的问题

"你有没有参加一些专业考试？成绩如何？"

"你计算机水平如何？会使用哪些软件？"

"你的普通话水平如何？能否用普通话做自我介绍？"

"你能否用英语介绍自己的基本情况？"

"你有没有参加过与这个岗位相关的培训？"

【问题解析】

A. 对这些问题一定要如实回答，切忌夸张失实，因为这些问题很容易当场进行测评，一旦有所闪失，用人单位便会认为你夸夸其谈、华而不实，会有上当受骗的感觉。

B. 应聘者应该从所学知识及相关培训与应聘岗位的要求方面进行介绍。

6. 关于"时事"方面的问题

"你看了最近的政府工作报告吗？有什么见解？"

"你认为最近政府的哪些措施会对本行业的发展产生重要影响？"

"你主要注意哪些方面的媒体报道？"

【问题解析】

A. "两耳不闻窗外事，一心只读圣贤书"的大学生已不能适应现代社会的要求，关心时事，并从中敏锐发现相关信息，用人单位会对你刮目相看。

B. 这些问题主要考察应聘者独立思考的能力，从中发现应聘者是否能够广泛收集各方面信息，并能提出自己的观点。

7. "假设性"问题

"假设服务对象对你的工作不满意，并要投诉你，你会如何处理？"

"假设由于你的失误而使工作出现问题，但你的上司并不知情，你将怎样处理？"

【问题解析】

用人单位主要是利用这些问题对应聘者的应变能力和反应速度进行评估，因此，应聘者在回答问题时首先要镇定，同时还要能够尽快作出反应。

8.应聘者咨询的问题

（1）与应聘岗位相关的问题。对于担任该职位的员工，单位有什么期望和要求？（该问题能够显示你对应聘岗位的兴趣与诚意）

（2）与该单位相关的问题。未来几年，单位会有什么新的发展计划？（该问题显示你对单位的兴趣，同时你可从中了解更多有关该单位的发展潜力、发展方向等重要资料，以决定自己的最后去向）

（3）单位对进修的看法。单位对员工在业余时间的进修是什么态度？（该问题表示你有兴趣去进修及在该行业发展）

【问题解析】

A. 这类问题是应聘者表现自己的最后机会，因此，应聘者应该借此机会对自己之前的失误或不足加以补救，同时表现出最大的诚意，还可借此机会对用人单位作进一步了解。

B. 在提出薪酬方面的问题时不要操之过急，最好由用人单位提出，在回答这类问题时要讲究策略。

（二）面试官解析

面试是一项专业性很强的工作，许多单位的面试内容大同小异，但由于面试官个性有差异、兴趣不同，在面试中的表现也大相径庭。能否在众多应聘者中脱颖而出，获得面试的成功，除了应聘者自身的综合素质、临场发挥水平外，还取决于是否能赢得面试官的好感与信任，是否能征服面试官。因此，了解面试官，做到知己知彼和有的放矢，是赢得面试的重要因素。那么，一般有哪些类型的面试官？与不同类型的面试官交流时应注意什么？有哪些应对之道？

1.冷若冰霜型

这类面试官对应聘者的出现无任何反应，好像应聘者不存在似的，就算求职者非常客气地和他打招呼，他也不会表现出半点热情，并且不会注意你的一举一动。通常第一句话就是"请坐"，以后再无下文，直到你开口介绍自己后，他才会提问题。应付这类面试官的最佳方法是：耐心听讲，然后刺激他说话，做出认真倾听的样子，使他认为你是他的知音。

2.深藏不露型

这类面试官城府深，说什么话都留有后路。他与应聘者握手时仅是碰碰而已；他接待应聘者礼貌、客气，但保持距离；他对人既热情又好像冷漠；他不会对应聘者的谈话作直接的反应；他的笑永远让人猜不透；问话总是话中有话。总之，他决不轻易让应聘者了解其心思。应付这类的面试官，一是说的话要少而精，深思熟虑后再说不迟；二是在谈论自己能力、愿望、待遇时要慎重，最好说些具体的东西，宏观而浪漫的目标、理想最好少谈；三是多以请教的口气向面试官提问。

3. 傲慢无礼型

这类面试官故意给人一种唯我独尊的样子，他们说话虽然客气，但装腔作势、眼神傲慢，脸上无一丝笑容，经常用鼻音或"哼、哈"之声应付人，甚至不理不睬。与这类面试官面谈，一是要彬彬有礼，通过必要的寒暄来缓解气氛，对他们所说的刺耳难听的话要尽量保持平静；二是说话要简洁有力，尽量不得罪他们；三是不要太在意他们的反应，要意识到这是他们在测试你的心理承受能力。

4. 谦虚可亲型

这类面试官一见应试者又是让座又是握手，又是端茶又是问候赞美，仿佛招待贵宾，令你受宠若惊，好像面试的对象是他而不是你。这让你觉得一切都很顺利，自我感觉良好，心情轻松愉快，充满自信。其实这一切都是假象，他有严谨的思维，有超出一般人的洞察能力，有一双鹰一样的眼睛，他比应聘者更会"演戏"，能够紧紧掌握着应聘者。其实他们都很精明，慈祥的笑脸上有一双火眼金睛。面对这类面试官，应聘者必须保持高度警惕，一是不要"演戏"，诚心诚意、老老实实谈自己的想法；二是不要一味迎合，也不要妄自尊大，他既然如此谦虚，你最好比他更谦虚。

5. 一言不发型

这类面试官任凭你谈天论地、口若悬河，他就是不开口，最多在结束时说一句"你可以走了"。应付这类面试官的策略是：一是不要试图撬开他们的嘴；二是减轻心理压力，要意识到"一言不发"正是他们设下的圈套；三是要无话找话，尽可能将自己想到的都充分表达出来，直到对方示意结束为止。

6. 慢条斯理型

这类面试官总是不急不慌，好像总是慢三拍，给人感觉是工作效率低下、性格不够爽快、对人总是不放心。他们在精心研读完应聘者的个人材料后仍然要问许多材料中已经写明的问题；他们与应聘者谈话总是从鸡毛蒜皮的小事开始，然后慢慢铺开，并不时"旧事"重提、反复询问；他们主持的面试好像没有主题、东拉西扯；他们很有耐心、心地善良，总是要把一切都弄明白，做事一丝不苟。与这类面试官面谈时，首先要有耐心，耐心听、耐心回答；其次，谈话过程中要尽量保持谦虚温和的口气，多些说明，少些辩论，更不要进行理论性的阐述；最后，专注倾听，多听讲，少插话，即使有问题也应在对方说完后再提出来。

7. 喋喋不休型

这类面试官太过于健谈，克制不住自己，一张嘴就说个没完没了。他们对应试者是否注意听讲极不上心，往往同一话题重复两三遍；他们经常提问但又无心倾听应聘者的发言，并不断插话评论。遇上这类面试官是应聘者的福气，因为他们说话过多，总是放松了对应聘者的观察，让应聘者能及时了解面试官的思想。应付这类面试官的策略，一是让他充分表达，处于一种自我兴奋状态；二是在倾听他讲话时要显示出浓厚的兴趣，不断利用"很感兴趣"的表情促使他继续说下去。

8. 心不在焉型

这类面试官一切都按部就班，似乎对一切都不太关心，一副漫不经心的样子，对应聘者的到来毫无新鲜感，问话时总是心不在焉，在听应聘者回答问题时总在一边做其他事。这些人多是长期从事人事工作，见识过形形色色的应聘者，他们熟悉一切对付应聘者的手段、技巧，知道怎样了解你的基本情况以及如何拒绝。应付这类面试官，一是要刺激他们的新鲜感，使他们对你产生格外深刻的印象；二是在面试时尽量表现得大方些，不要受面试官影响。

第四节　笔　试

一、笔试类型及内容

与面试相比，笔试是一种相对初级的甄选方式，也是一种常用的考核办法，主要是用于考核应聘者特定的知识、专业技术或应聘者对文字的运用能力，以及基本素质的一种书面考试形式。它是用人单位对应聘者所掌握的基本知识、专业知识、文化素养和心理素质等综合素质进行的考查和评估。笔试对应聘者来说是相对公平的一种测试方式，也适用于应聘人数较多、需要考核的知识面较广或需要重点考核文字能力的情况，因而很多知名企业、单位招聘、国家机关选聘公务员等，往往都采用这种考核形式。

常见的笔试类型主要有以下 4 种。

（一）专业考试

这种考试主要是为了检验应聘者专业知识水平和相关的实际能力。比如外贸、外资企业招聘员工要考外语，公检法机关录用干部要考法律常识等。

（二）心理测试

心理测试是用事先编制好的标准化量表或问卷要求应聘者完成，根据完成的数量来判断其心理水平或个性差异的方法。一些特殊的用人单位常常以此测试应聘者的态度、兴趣、动机、智力、个性等心理素质。

（三）命题写作

这种考试的目的在于考查应聘者文字表达能力以及分析问题和逻辑思维能力，比如限时写出一份会议通知、请示报告或某项工作总结，也可能提出一个论点，请应聘者予以论证或批驳等。

（四）公务员考试

国家公务员考试公共科目笔试内容为《行政职业能力测验》和《申论》两科。《国家公务员考试公共科目笔试考试大纲》具体规定了各科考试内容及要求。

二、笔试准备

了解了一些常见的笔试类型后，接下来的问题就是如何来准备这些笔试。笔试从某种角度来说，能更深入地考察大学生的综合素质、平时的知识积累程度、对知识是否真正理解和掌握等。用人单位的出题方式远比学校灵活多样，更侧重于检测能力，而不是单纯的考查知识。因此，在笔试之前，大学生应对它进行深入了解，做到知己知彼，不打无准备之仗。

（一）保持良好的身心状态

（1）要适当减轻思想负担，不可给自己施加过大的压力，否则会适得其反。

（2）笔试的前一天要注意休息，保证充足的睡眠，避免考试时精神不振，影响正常思维。

（3）要适当参加一些文体活动，使高度紧张的大脑得到放松和休息，以充沛的精力去参加考试。

（二）了解笔试类型，做到有的放矢

不同的笔试类型，有不同的考试内容。应试者在考前应进行详细的了解，针对不

同情况做相应的准备。比如公务员考试就有明确的考试范围，并有指定的参考书，复习起来相对有针对性。而一些用人单位的笔试则相对灵活，范围也较大，没有明确相关的参考书，可围绕用人单位划定的范围翻阅一些有关的资料。笔试成绩与大学生平时的努力程度有很大关系，如果兴趣广泛，平时注意收集各种信息，考试时就能驾轻就熟、得心应手。

（三）笔试的知识准备

1. 学以致用，理论联系实际

现在的笔试越来越强调用学过的知识来解决实际问题，具有很强的实用性。换句话说，现在的笔试主要是考核应聘者对知识的运用能力。因此，在复习过程中必须始终突出一个"用"字，通过各种实践，把学得的知识运用到工作实际中去解决各种具体的问题。

2. 提纲挈领，系统掌握

在知识与能力这两者中，知识无疑是基础，没有扎实的基础知识，能力的培养和提高也就无从谈起。掌握知识的一个有效方法就是把零散的知识化为系统。但笔试往往范围大、内容广，存在着一定的随意性和盲目性，因此，凡是与求职有关的一些知识，如文史知识、科技知识、经济知识、法律知识和基本的计算机知识，均要系统地复习一遍。

3. 多读多练，提高阅读能力

提高阅读能力，对扩展知识面和解答笔试的各类问题很有益处。知识的获得，主要依靠传授；能力的提高，则必须通过实践。复习时经常做些阅读训练，有助于阅读能力的提高。在做阅读训练时，一定要做到"眼到"和"心到"，特别是"心到"，即对每个问题都仔细揣摩，认真思考，分析比较，综合归纳，努力提高自己的阅读能力。

4. 敏锐思考，提高快速答题能力

为了适应笔试题量多、时间紧的特点，应该努力培养自己快速阅读、快速思维和快速答题的能力。因为现代阅读观念不只着眼于信息的获取，还特别重视速度，所以在准备笔试的时候一定要提高答题速度。

三、笔试技巧

在充分准备的基础上，还要注意笔试时的技巧，以提高答题效率，笔试技巧主要

包括以下 3 方面。

（一）增强信心

信心是成就一切事业的重要保证。笔试怯场，大多是由于缺乏自信心。客观冷静地对自己进行正确评估，就能克服自卑心理，增强自信心。笔试与高考不同，高考是一锤定音，而笔试则有多次机会。而且"双向选择"是互相选择，单位在选择你时，你也在选择单位，并不是单位单方面地选择你，完全可以轻装上阵。

（二）做好考前准备

参加考试前，最好先熟悉一下考场环境，这对消除应试时的紧张心理会有帮助。弄清楚考试的要求和注意事项，带好必要的证件和一些考试必备文具等，尽量按要求事先准备好。考试前要保证睡眠，不要打疲劳战，确保考试时精力旺盛。

（三）科学答卷

具体答卷也是有讲究的，拿到试卷后，先不要忙着做题，首先应通览一遍，了解题目的多少和难易程度，使自己对答题的顺序和重点有一个大概的把握；然后按照先易后难的原则排列出顺序，先做相对简单的题目和分值较高的题目，最后再攻克难题，这样就不会因攻克难题费时太多，白白丢掉本该拿到的分数；最后留出时间对试卷进行复查，注意不要漏题。卷面字迹要整洁、清晰，书写过于潦草、字迹难以辨认也会影响笔试成绩。因为笔试不同于其他专业考试，有时招聘单位并不特别在意应试者考分的高低，但是认真的态度、细致的作风、新颖的观点会增加应聘者被录取的概率。

参考文献

[1] 张秀娟. 大学生职业认知与就业能力提升研究 [J]. 太原城市职业技术学院学报，2022(11)：122~124.

[2] 刘洋，郑瑾，王晓伟. 大学生就业能力认知差异的调适策略研究——基于大学生、教师、雇主的视角 [J]. 湖北开放职业学院学报，2020，33(12)：32~34.

[3] 马艳. 职业生涯规划与大学生就业创业 [J]. 河南农业，2018(08)：28~29.

[4] 李姗姗. 基于自我认知角度的大学生学习投入对就业能力的影响研究 [J]. 中国市场，2018(11)：184~185.

[5] 李姗姗. 学习成就对大学生就业能力自我认知的影响研究 [J]. 山西青年，2018（ 05)：200.

[6] 刘利鸽，刘红升. 基于就业能力和职业能力的职场训练模式探析 [J]. 高教论坛，2018(02)：81~84，102.

[7] 陈璐，蔡龙湖. 生涯辅导视域下的当代大学生就业观调适研究 [J]. 中国大学生就业，2018(02)：39~43.

[8] 何振华. 高职学生心理资本与就业能力的关系研究 [J]. 九江职业技术学院学报，2017(04)：55~57，60.

[9] 黄碧珠. 职业院校毕业生就业质量研究 [D]. 天津：天津大学，2017.

[10] 王兰兰. 基层工作角色实践对大学生就业绩效的影响研究 [D]. 江苏：江苏大学，2017.

[11] 别如娥. 大学生就业能力现状及其提升对策 [J]. 西部素质教育，2016，2(17)：62.

[12] 卢荣妹. 大学生就业指导"六个一"教学模式研究 [J]. 广西职业技术学院学报，2016，9(02)：34~38.

[13] 尚福星. 大学生职业素养与就业能力培养探微 [J]. 法制与社会，2015(36)：240~241.

[14] 徐超，杨顺起，马永旭. 残疾大学生就业能力与就业结果的关系研究 [J]. 中国特殊教育，2015(09)：9~13.

[15] 潘江. 大学生就业能力提升的路径研究 [J]. 黑龙江教育（高教研究与评估），

2015（08）：89~90.

[16] 马宁，李红英.大学生就业能力提升动态跟进模式研究 [J].中国大学生就业，2013（18）：3~7.

[17] 张斌.试析大学生就业指导中元认知的作用及其培养 [J].科技创新导报，2013（08）：234.

[18] 莫柏预，黄平隆.基于"就业能力"培养的经济管理类专业大学生职业指导实践教学创新研究 [J].市场论坛，2011（12）：94~95，67.